Zweites Reich
第二帝国

上　卷　政治・衣食住・日常・余暇

はじめに（上巻）

「第二帝国ドイツ」、それは 1871 年から 1918 年の半世紀足らずのあいだ地図上に存在していた帝国である。この帝国は、ほかにもドイツ帝国や帝政ドイツとも呼ばれた。なぜ「第二」なのかというと、およそ千年間続いた「神聖ローマ帝国」を「第一」だと想定しているからである。そして 21 世紀に生きる私たちは、もちろん「第三帝国（ナチ体制下のドイツ）」も痛いほどに知っている。第一と第三のあいだの第二帝国は、第一帝国（神聖ローマ帝国）の息の根を止めたフランス革命後の市民革命という「自由主義の種」をうちに抱え込み、同時に第三帝国へと通じる「ナショナリズムという種」を芽吹かせた帝国だといえよう。

本書『第二帝国ドイツ』は上下巻の二冊を通じて、この帝国の「文化」を中心に扱うことになる。しかしそれは、現在の「文化イメージ」とはやや異なっている。18 世紀末の市民革命の影響から、19 世紀のドイツでも「市民」が社会の中心に位置しはじめた。これはフランス語では「ブルジョワ Bourgeois」、ドイツ語では「ビュルガー Bürger」と呼ばれる層だ。つまり、日本における「横浜市民」のような都市住民を指す用法とは違う。ビュルガーは、彼ら同士の社交を通じて独自の文化を形成した[1]。この社交は英語にすれば「ソサエティ」と訳せるだろう。だが、19 世紀ドイツに発展したこの市民文化は、音楽・絵画鑑賞からリゾートへの保養旅行など、現代だと「ハイ・ソサエティ」と定義できる文化領域であり、高所得の市民同士の社交によって生みだされた文化である。

ただし本書はではこれらの市民文化だけを扱うわけではない。もっと現代に通じるダイナミックな文化、ある意味で「現代的・通俗的な」文化を対象にしている。上巻では、クッキーなどのお菓子から、ビールなどの飲料、そしてサッカーなどのスポーツや旅行という余暇に至るまでの生活文化を取りあげている。これらの文化は、上流文化の模倣・複製であったが、広い消費層を生みだすことで「上下」の階層を飛び越えるダイナミズムを備えていた。つまり、20 世紀から現代に通じる「大衆文化」の誕生の原因となったのである。

やや長いが、ヨーハンとユンカーの『ドイツ文化史』（三輪晴啓・今村晋一郎訳）内の印象的な文章を引用しておこう。

> 1890 年の春、ベルリンのポツダム広場で初めて〈野花〉が売られた。マルク・ブランデンブルク州で摘まれたアネモネや桜草などである。（中略）このベルリンの先例は徐々に流行していった。その 4 年後、ハンブルクではなお新鮮な花を買うことは不可能だった。人の手を加えた花束、念入りに仕立てられたブーケ（花輪）が支配的だった。つまり園芸家にとって一つ一つの花は素材にすぎなかったのである。しかしベルリンっ子は早速この野花に飛びついた。というのは、冬の間でも鉄道がほとんどその日のうちにリヴィエラのみずみずしい花を届けてくれたからである。
>
> 家庭に新鮮な花を持ち込んだことは革命的な結果をもたらした。一見些細なことが環境を変

え、さらに生活感情をも一変したのである。新鮮な花の強烈な色彩が従来の住居の重苦しい飾りを圧倒した。花は部屋の中に光と空気を要求したため、部屋を整理、整頓する必要があった。

　この文章には、第二帝国を考えるためのいくつかの重要な材料が隠されている。まずは、野花という自然物を売ることが可能になったこと。それには鉄道の発展が不可欠だった。そして、それまでの「人工的な」花輪の文化を侵食していったこと。これは本書でも扱われる「近代化VS反近代」としての自然回帰運動との関連性を見いだすことも可能かもしれない。さらに、なによりも野花（花束）の導入が、室内空間を変化させたということである。

　今では当たり前のように売られる花屋の花だが、第二帝国時代という今から約100～140年前を切り取って考えてみると、社会変容のダイナミズムを知ることができる。これはまた、現代社会あるいは日本社会をも考えなおす素材となるかもしれない。なぜなら、19世紀末にはすでに世界は「グローバル化」し、ヨーロッパ近代の潮流は日本にも届いていたのである。この独日交流もまた、本書が扱うテーマである。

　次ページで、ごく簡単に19世紀から20世紀の「ドイツ」をめぐる時系列の表を示しておこう。この図を用いても「ドイツ」の複雑さを理解するのは難しい。まず各邦国や都市国家が存在し、第二帝国成立後も独自の権限を持ち続ける場合があったことを知る必要があるだろう。簡単にいえば、各独立した地域を括る上位概念としての「ライヒ Reich」が、全体を緩やかにまとめたと捉える必要がある。ライヒは「帝国」と訳されることが多く、本書も第二帝国という名を付けているが、「領域（ベライヒ Bereich）」とも語源を同じくしているので、「各地域がまとめられた領域」と理解するのもよいだろう。なお、ナチ・ドイツは、この領域全体を強制的に中央集権化（均質化）しようと試みた政治体制であった。しかし、それも完璧に成功しなかった。それほどまでにドイツ諸邦の独自性は強かったのである。

　なお、「第二帝国」という名称は歴史学上ではあまり用いられない。通常は、先述の帝政ドイツ、ドイツ帝国やドイツ第二帝政と呼ばれる。本書では敢えて、この帝国の「第二」的な性質を考えるために、「第二帝国」と題した。さらにタイトルのドイツ語も、英語で「the」と同じ定冠詞「das」を避けた「Zweites Reich」という形を用いることで「連続」の断定を避けている。読者のなかにドイツ史通がおられたら、本書を通じて「第一・第三」との関係性を考えながら読み進めていただきたい。

　この上巻では、まずドイツ帝国の「国々・諸地域」を扱っていく。最初に、100年以上前のドイツ社会にタイムトリップする見取り図を手に入れていただければと思う。

```
                    ドイツ連邦
                    (1815～)
                 ※オーストリア帝国主導
                        ↓
┌─────────────┐ ┌───┐┌─────┐┌───┐ ┌─────────────┐
│オーストリア=ハンガリー│ │バ │ │ヴュル││バイ│ │  北ドイツ連邦  │
│  二重君主国   │ │ー │ │テン ││エル│ │  (1867～)   │
│ (1867～1918) │ │デン│ │ベル ││ン王│ │※プロイセン王国主導│
│             │ │大 │ │ク王 ││国 │ │             │
│             │ │公国│ │国  ││   │ │             │
└─────────────┘ └───┘└─────┘└───┘ └─────────────┘
       ↓                                  ↓
                              ┌─────────────┐
                              │  ドイツ帝国   │
                              │  (第二帝国)   │
                              │ (1871～1918) │
                              └─────────────┘
                                     ↓
┌─────────────┐              ┌─────────────┐
│オーストリア共和国│              │ ヴァイマル共和国 │
│  (第一共和国)  │              │ (1919～1933) │
│ (1918～1938) │              │             │
└─────────────┘              └─────────────┘
       ↓                            ↓
┌─────────────┐              ┌─────────────┐
│   ナチ併合    │              │ナチ・ドイツ(第三帝国)│
└─────────────┘              │ (1933～1945) │
       ↓                      └─────────────┘
                                     ↓
┌─────────────┐              ┌─────────────┐
│ 戦勝4ヵ国占領期 │              │ 戦勝4ヵ国占領期 │
│ (1945～1955) │              │ (1945～1949) │
└─────────────┘              └─────────────┘
       ↓                            ↓
┌─────────────┐        ┌─────────┐┌─────────┐
│オーストリア共和国│        │ドイツ連邦共和国││ドイツ民主共和国│
│  (第二共和国)  │        │ (西ドイツ) ││ (東ドイツ) │
│   (1955～)   │        │(1945～1990)││(1949～1990)│
└─────────────┘        └─────────┘└─────────┘
                                ↓
                        ┌─────────────┐
                        │ ドイツ連邦共和国 │
                        │   (1990～)   │
                        └─────────────┘
```

目次

- 2 はじめに(上巻)
- 6 「国々」:神聖ローマ帝国—オーストリア≒?
- 8 プロイセン王国:「新興国家」プロイセンの軌跡
- 14 バイエルン王国:保守的か? 革新的か?
- 18 ザクセン王国:発明王国ザクセンの最大の発明とは?
- 20 ヴュルテンベルク王国:したたかな黒色の獅子と金色の鹿
- 22 バーデン大公国:自由主義の源泉地
- 24 「兄系ロイス」と「弟系ロイス」:兄弟みなハインリヒ!
- 25 エルザス=ロートリンゲン:二つの大国のはざまで
- 26 初代皇帝ヴィルヘルム1世:自由主義の敵か? 味方か?
- 27 2代皇帝フリードリヒ3世:帝政期の希望か?
- 28 ヴィルヘルム2世:最後の皇帝はギザが大好き
- 32 ドイツ帝国の体現者:その血統と決闘の日々
- 36 ポスト・ビスマルクの宰相たち:「権力の真空」を埋めるのは誰だ?
- 38 メイド・イン・ジャーマニー:モノモしき帝国の成立
- 40 デパートの開店:商品たちの百貨争鳴
- 44 パン・ドイツ主義:軍用パンと女性マイスターの誕生
- 46 マーガリン:人口を支えた人工食品
- 48 クッキー「ライプニッツ」:ギザギザ52という普遍数字
- 52 ドイツの伝統菓子? バウムクーヘン:ドイツではそんなに食わへん
- 56 チョコレート:スポーティなチョコ? リッター・シュポルト
- 58 ダルマイヤーの商業戦略:黄色で曲がった物、売ってました
- 59 コーヒー商と芸術運動:コーヒーから立ちのぼる「褐色」の香り
- 62 ビール帝国ドイツ:冷製と醸造のあいだ
- 66 オクトーバーフェスト:王家よりもビールが好き?
- 68 日本とドイツ、ビール:日本の麦酒、麦誕
- 70 クノール:即席力は即戦力
- 72 帝政期の料理:やはりジャガイモ……
- 74 台所と戦場キッチン:第二帝コック
- 76 魔法瓶:魔法と神の世界
- 78 ヴェック:ビン詰め保存の目覚め
- 80 サッカー:遅れてきた「サッカー革命」
- 84 卓球:「ピンポン! ピンポン! ピンポン!」
- 86 武術:柔の道の交差点
- 90 裸体運動:身裸万象を体感
- 94 ブラジャー:女性の解放か? 締め付けか?
- 96 コンドーム:性と生のコントロール
- 100 靴クリームの時代:シュトゥンデ・塗る
- 102 ニベア:雪の巨人
- 104 バイエル社とアスピリン:「万能薬」アスピリン
- 108 テディベアと女性の社会進出:わたしのステディ
- 112 メルクリン:イエス・マイ・レール
- 114 みつばちマーヤ:世界を飛び回るマーヤ
- 116 ボードゲーム「イライラしないで」:イライラ時代の盤上遊戯
- 122 「国立」図書館の誕生:ドイ知の蓄積
- 124 帝都ベルリン:軍都か? 文化都市か?
- 130 フィルハーモニー:ベルリン市民と楽団のハーモニー
- 134 旅行業:パッケージ・ツアーの始まり
- 136 鉄道旅行:旅皇帝と機関車ヘーゲル
- 140 観光地の発明:アルプス旅行
- 144 ゾンマーフリッシェ(避暑・保養):軽井沢の原型、ここにあり
- 148 ワンダーフォーゲル:窮屈な教室を半ズボンで飛び出せ!
- 152 ユースホステル:ユースフルな宿泊施設
- 158 温泉と海水浴:ドイツ式リゾートの発明
- 162 浜のかご:北の海辺の過ごし方
- 166 パノラマ:19世紀の想像力をかき立てた箱
- 168 アフリカ植民地:世界帝国ドイツの野望
- 172 南太平洋植民地:南の島のドイツ帝国
- 174 青島:第二帝国とアジア・日本が邂逅する地
- 176 南米の新ゲルマニア:「兄ニーチャンは死んだ」Byニーチェ妹
- 177 ヘッケルの『生物の驚異的な形』:進化論の深化と真価
- 178 動物園:「自然」のなかの「都会生活」
- 186 ドイツ色に染まる日本?:皇国日本と帝国ドイツ
- 190 第三帝国の少年像:ヒトラー最初の12年間
- 192 第三帝国の少年像:ゲッベルスと映画の時代
- 194 第三帝国の少年像:ゲーリングと騎士へのあこがれ
- 196 第三帝国の少年像:ヒムラーとカトリックの敬虔さ
- 198 「第二帝国」地図
- 200 「第二帝国」を知るための年表
- 202 注
- 207 上巻のおわりに

✠「国々」：神聖ローマ帝国─オーストリア≒？

ドイツ第二帝国の黒白赤の旗。帝国当初は公式には決められていなかったが、北ドイツ連邦の旗が採用された。プロイセンの黒白、ハンブルクなどの自由市の赤白のシンボルカラーを融合させた配色。

帝国の紋章は、プロイセンの黒いワシの盾を中央に着けた「黒・赤・金」の色調のワシ。なお、オーストリアの「双頭のワシ」ではなく「単頭」になっている点もミソ。

　第二帝国は、ドイツ語圏の４つの王国、６つの大公国、５つの公国、７つの侯国、そして３つの自由市を包含する巨大な帝国だった。ここに普仏戦争（ドイツ・フランス戦争）によって、フランスから奪った帝国領エルザス＝ロートリンゲン（アルザス＝ロレーヌ）が入り、さらに海外植民地や租借地なども加わることとなる。このなかで最も強大な国家は、ドイツ帝国の中心を担ったプロイセン王国であった。

　ドイツ帝国内のプロイセンの「巨大さ」を数字をもとに確認しておこう。面積では帝国全体の３分の２、人口では５分の３をプロイセンが占めていた。具体的には、１８７１年時点の人口４１００万人中、プロイセン王国の住民は２４７０万人に上っていたのである。続くバイエルン王国が人口５００万人だったし、８つの国・市は１０万人にも満たない小地域だった。このように、明らかにパワーバランスは偏っていたといえる。しかし、ドイツ帝国は「プロイセン中心」で成立したわけではなく、あくまでも「連邦体」であった。そして皮肉なことに、その「連邦制」を擁護し、押し進めるには、プロイセンの強大さによるイニシアティブが必要だったのである。

　ここで注意しなければならないのは、「ドイツ語圏」の帝国であるドイツ帝国には、ル

WAPPEN UND FLAGGEN DES DEUTSCHEN KAISERREICHS

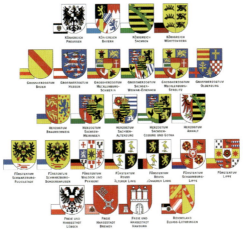

ドイツ第二帝国の邦国・自由市の紋章・市章。下部の二段はプロイセン領の諸地域。（巻末の地図も参照）

クセンブルクやスイスの一部、そしてとくにオーストリアが含まれていないことだ。これは、ドイツ第二帝国が神聖ローマ帝国と大きく異なる点である。このプロイセンとオーストリアの対立に起因するドイツ帝国の成立は、世界史の教科書などで「小ドイツ主義」と記されている（原語に忠実に訳すと「ドイツ（統一）問題の小ドイツ的解決」）。つまり、オーストリア抜きのドイツ統一だ。もちろん、最初から「小ドイツ」が目指されていたわけではない。1848年のフランクフルト国民会議には、オーストリア領内のドイツ系住民も参加していた。しかし、1860年代のプロイセン王国とオーストリア帝国（後にオーストリア＝ハンガリー二重君主国）との対立関係は、普墺戦争にまで至り、オーストリアのドイツ人を含む「大ドイツ主義」的な帝国創立は実現不可能になってしまうのである。

　先ほどは、プロイセンが連邦を志向したと書いたが、「小ドイツ」を成立させたのは実質的にプロイセンであり、帝国成立からしばらくすると、各邦・各市も「プロイセン化 verpreußen（フェアプロイセン）」していってしまう。これが結果として、第一次世界大戦開戦までの道筋となるのである。

✠ プロイセン王国：「新興国家」プロイセンの軌跡

1892～1918年のプロイセン王国の旗（上）と紋章（右）。紋章では、ほぼ全裸のヒゲの親父二人が旗を持っている。右上の赤い鳥の旗はブランデンブルク辺境伯の旗。

　第二帝国を牽引した強大な国家が、「プロイセン」であり、「プロイセンの意志あるところ、ドイツの意志あり」とまで言われた⁽²⁾。実は、プロイセンが興った地、そして長らく領土としてきた土地は、現在のドイツ連邦共和国の範囲内ではない。ここに「ドイツ」の不思議さと同時に興味深さがあるともいえる。そして、プロイセンがその不思議さを醸しだす源泉のひとつであることは確かであろう。やや長くなるが、プロイセン王国とそれが率いた第二帝国を理解する上では重要なので、プロイセン前史を説明しておきたい。

　『図説プロイセンの歴史　伝説からの解放』によって、複雑怪奇なプロイセンの歴史を文学的表現も交えながらも鮮明に描き出した歴史家セバスチャン・ハフナーは、プロイセンの初期の歴史を3層構造で捉えている。ここでは少しかみ砕き、さらに語り方を変えて紹介しよう。プロイセンを成り立たせた3つの歴史要素とは、①「もともとの領域」、②「ホーエンツォレルン家との関わり」、③「ホーエンツォレルン家の家領政策」だ。

　このプロイセン王国成立までの3つの歴史を、ひとつずつ簡潔に説明していきたい。

①プロイセンの領域

　実は「プロイセン」とは、現在でいうバルト三国あたりに定住していた部族「プルセーン人」に由来する土地名である。非キリスト教徒であるプルセーン人は、13世紀、つまり第六回の十字軍以後に、この土地に移住してきたドイツ騎士団によって虐殺された。珍しいことだが、騎士団は虐殺した人びとの名を引き継ぎ、「プロイセン修道会国」という宗教国家を建国したのである。

②ホーエンツォレルン家との関わり

　宗教国家「プロイセン修道会国」もまた、その後のプロイセン王国とは異なった存在だっ

た。そしてまたもや「名前の乗っ取り」が行われる。その転機が、1517年に始まるマルティン・ルターの宗教改革であった。プロイセン修道会国の破壊者にして、乗っ取りを行ったのが、西南ドイツの家系であるホーエンツォレルン家の親戚にあたるアルブレヒトである。彼は、1523年にルター派（新教）に改宗する。このことは、宗教国家であった修道会国の終焉を意味し、その後は、アルブレヒトの家族による世襲国家（公国）となった。これによって、現在のポーランド北東部やロシアの飛び地であるカリーニングラード（当時はケーニヒスベルク）の辺りに、プロイセン公国が成立する。

③ホーエンツォレルン家の家領政策

　ホーエンツォレルンの「血」がプロイセン公国に入ったことで、ブランデンブルク辺境伯（選帝侯）であるホーエンツォレルン家の本家が、16世紀の宗教改革の嵐のなかで、最初はまったく無関心だったプロイセン公国の領土への関心を持ちはじめる。ちなみに当時は、ホーエンツォレルン以外のどの家も、家領政策によって領土の拡大などをもくろんでいた。だから、プロイセンを担うホーエンツォレルン家だけを戦争好きの「肉食系」とするのはお門違いだと言えよう。

　ブランデンブルク辺境伯とプロイセン公国が同君領になるのは、1618年であり、これもまたヨーロッパ全土を揺るがした宗教戦争（三十年戦争）の勃発の年であった。そしてプロイセン公国は、1660年にポーランドから独立主権を獲得した。

　さて、上述の①〜③を通じてプロイセン王国の素地は作られた。あとは「王国」としての残された要素は「王」の存在だ。当時、神聖ローマ皇帝領内で、選帝侯と名乗っている領主たちが「王」を名乗ることは不可能であった。もちろん、三十年戦争によって神聖ローマ帝国の権威は落ちていたこともあり、皇帝領外であれば、イングランド王（ハノーファー公）や、ポーランド王（ザクセン公）のように王となる事例があった。そこで、帝国領域外で、ホーエンツォレルン家に王になるチャンスを提供した場所が、プロイセン公国つまりは東プロイセンだったというわけだ。

　そして、遂に1701年、プロイセン王国が成立する。本書があつかう第二帝国時代までまだ170年もあるが、実は、王国の歴史としてプロイセンは「超」が付くほどに新興国家であった。その新しさゆえに、思い切った改革そして戦争を繰り広げていく。18世紀のプロイセンの興隆に貢献した人物が、プロイセンの第二代国王フリードリヒ・ヴィルヘルム1世（在位1713〜40年）と、フリードリヒ2世（在位1740〜86年）である。前者を「軍人王」、後者を「大王」と呼ぶ。その名の通り、プロイセンはこの二人の戦争によって拡大し、さらに飛び地の諸領土をつなげていくのである。とくにフリードリヒ大王は、飛び地だった「元プロイセン公国」つまり東プロイセンをブランデンブルク選帝侯領と接続させた、まさに「大王」であった。

　啓蒙専制君主として知られるフリードリヒ大王は、内部では合理的な改革を推進し、外部ではオーストリア継承戦争と七年戦争において、オーストリア・ハプスブルク家のマ

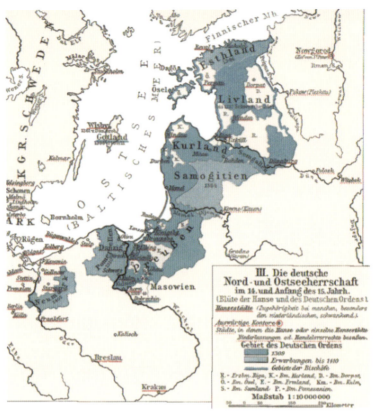

プロイセン「発祥の地」。現在のバルト三国あたり。

リア・テレジアと戦争し勝利を収めた。そして、この大王が死んだ3年後にフランスでは市民革命が勃発する。王政VS市民革命軍となったフランス革命戦争の最中に、ナポレオンが皇帝にまで上り詰め、ナポレオン戦争ではプロイセンは敗北を喫した。しかし、1807年とその翌年に、プロイセンでは内政・軍制改革（シュタイン＝ハルデンベルクの改革）が進められ、最終的にプロイセンはフランス軍を打ち破った。

　ここまでプロイセンの歴史を見てきて分かることは、プロイセンの「成功」も楽な道のりではなく、周囲との戦争でギリギリの状況が幾度となく訪れていることだ。その理由は、三十年戦争と同じく、東西南北を強国に囲まれているという地理的状況に由来しているのかもしれない。そのなかで戦争・外交方法が培われていったのである。

　プロイセンは、紛うことなき「軍事国家」であった。正確には、軍事と密接に結びつき

ヴィルヘルム2世とその息子と孫（ドイツ連邦文書館 Bild 102-01280）

ながら国を大きくしたし、内政もそのときどきの「軍」の存在に左右された。これと関連して、第二帝国の上層にいた王侯貴族や富裕な有力者が、第一次世界大戦を後押ししたことは否定できない。同時に、ナチズムへと続く思想を胚胎していたのもプロイセンの特徴であった。具体的には、ヒトラーが政権獲得後に「プロイセンの伝統の継承」を宣言していることなどが挙げられよう(3)。

デフォルメ化されて脱悪魔化されていても、国の擬人化マンガ『ヘタリア』における「ちょい悪」なプロイセン・イメージは、ベクトルとしては間違っていないだろう。ドイツ第二帝国の舵取り、そして中心的な役割を果たしたのもプロイセンであり、それは同時に非プロイセンの邦国からは警戒され、ときには嫌われる原因を作っていた。これが現在でも、バイエルン州をはじめとする人びとが、ベルリンの政府（≒プロイセン）を嫌がる歴史的な一因でもある。

実際のプロイセン・イメージは、第二次世界大戦後のドイツにおいても変容してきた。たとえば、西ドイツでは戦後しばらく、いやむしろ統一までは「プロイセン＝戦争」といった像と結びつき、敗戦国の西ドイツとしては否定されるべき存在であった。また、民主主義と相容れない君主制国家としてもネガティブなイメージを持っていた。また、東ドイツでも王政であったプロイセンは社会主義（労働者）の敵であり、たとえばビスマルクの社会主義者鎮圧法などを挙げるまでもなく、プロイセンとは「社会主義の敵」だった。だからこそ、第二次世界大戦で破壊されたプロイセン王家の王宮は、東ドイツ時代に「共和国

1950年にベルリンで解体されている初代皇帝ヴィルヘルム1世の記念碑(ドイツ連邦文書館：Bild 183-M1204-306 / CC-BY-SA 3.0)

宮殿」と名づけられ、東独議会場として建造された。ただし2017年現在、プロイセン王国そしてドイツ帝国のベルリン王宮が再建されつつある（→【帝都ベルリン】）。

　しかしこういったプロイセンのイメージは時が経つにつれて、徐々に変容していく。つまり、王の時代はすでに遠き過去で、城が観光の対象となっていくにつれて歴史ロマンのようなものと結びついた。貴族・王族への憧憬や畏敬もまた、プロイセン像と結びついたのである。ほかにも、元王侯貴族は戦後ドイツでも資産家であり、ハプスブルク家を筆頭に文化保護財団のような役割を果した。社会貢献をつうじて、その存在意義がアピールされたといえる。

　また、東ドイツでも1970年代になるとプロイセン王フリードリヒ2世（大王）も顕彰されるようになる。大王の「専制」と「君主」という、社会主義と相容れない面は巧妙に隠され、民衆教育を振興し農村にじゃがいもを広めたフリードリヒ大王の「啓蒙的な」面が評価されたのである。このように奇妙なことに、社会主義国家・東ドイツはナチ時代より前の「伝統」を外貨獲得を目指した観光にも利用したのである。さらに統一後、とくに2001年のプロイセン王政開始から300周年の記念祭は、ベルリンを中心に盛り上りをみせた。現在は、プロイセンを礼賛する向きもあるが、これに対しては、本書内で扱う数々のテーマが教えてくれるように常に留保を付けて語った方がよいだろう。

　さて、「プロイセン」は1947年に解体されるが、その名残はサッカー・チームの「ボルシア・ドルトムント」のボルシア（プロイセンの女神）や、先述のように文化財団とし

南西ドイツに今もなお残るホーエンツォレルン城

ても残っている。たとえば、ノルトライン＝ヴェストファーレン州のミンデンには「プロイセン博物館」がある。なお、ミンデン近郊に初代皇帝ヴィルヘルム１世を記念する「ポルタ・ヴェストファリカ」が建っている。先述の東ドイツの例と同じく、このような「プロイセンの遺産」は観光資源として利用されている。

　そして、プロイセン王家であったホーエンツォレルン家は今なお存続している。たとえば、日本のガイドブックにも掲載され観光客も多く訪れるホーエンツォレルン城は、現在の当主ゲオルク・フリードリヒ・フォン・プロイセンが管理するフォン・プロイセン家の所有物である。彼は、第二帝国最後の皇帝ヴィルヘルム２世の玄孫にあたる。

ホーエンツォレルン家の現当主、ゲオルク・フリードリヒ・フォン・プロイセン（CC-BY-SA 3.0）

✠ バイエルン王国：保守的か？　革新的か？

バイエルン王国の旗（上）と紋章（右）。紋章には、ヴィッテルスバッハ家の象徴である黄金の獅子が盾を支えている。

　第二帝国のなかでプロイセンに対抗する勢力として知られるのが、南ドイツ一帯を統治していたバイエルン王国（首都ミュンヘン）だ。日本では、ノイシュヴァンシュタイン城やローテンブルクなどで知られるロマンチック街道やバイエルン・ミュンヘンなどのサッカーチーム、はたまた「アルト・バイエルン」などのソーセージの商品名で聞き知っている方もいるだろう。また、最近は日本でもしばしば開催されているオクトーバーフェストもバイエルンが本場だ（→【オクトーバーフェスト】）。

　バイエルン州は自然に恵まれ、経済的にも豊かな州として、現在のドイツ連邦共和国内でも独自の政治体系や特徴を有している。北のプロイセンと東南のオーストリアに挟まれたドイツ語圏文化の第三極ともいえるだろうか。

　歴史的に、バイエルンとプロイセンとの対立は根深いものがある。たとえば、ナポレオン戦争でプロイセンと敵対し、結果的に敗北している。1866年のプロイセン＝オーストリア戦争でも、バイエルンはオーストリア側で戦った結果、敗戦を喫する。ドイツ統一までに、戦争を繰り返していたバイエルンとプロイセンが、ドイツ帝国で統一に合意できるということを理解するのは簡単ではない。

　第二帝国時代でも、バイエルンは「特別権」を有しており、王が存在する有力国として存続した。独自の鉄道および郵便制度を保ち、バイエルン鉄道は「バイエルン王国鉄道」として運行していた。また、独自の王軍を持ち、バチカン市国やベルリンに公使を送ることができた[4]。つまり、軍事権・外交権の一部が認められていたのである。

　ドイツ第二帝国時代のバイエルン王で最も知られているのは、「狂王」あるいは「メルヒェ

若き王ルートヴィヒ２世

若きルートヴィヒ（左）と弟のオットー（右）。オットーはルートヴィヒの死後、王位を継ぎオットー１世となる。1860年頃の写真だと推測される。

ン王」とも呼ばれるルートヴィヒ２世（1845〜86年）だろう。1864年からバイエルン王となった彼は、浪費癖によってバイエルンの財政を逼迫させただけではなく、プロイセンに接近していった王である。たとえばプロイセンからの金銭借り入れもした。この「借り」は、1871年のドイツ統一を達成のきっかけとなった。

　その後に、オットー１世、ルートヴィヒ３世まで続き、1918年にバイエルン王国は終わりを迎えることとなる。なお、ルートヴィヒ２世やオットー１世には摂政がいた。これには、王たちが若いことや精神的な問題があったとされる。いずれにせよ、安定した王政を遂行することが困難であったバイエルン末期の状況を反映している。ただし、摂政ルイトポルト・フォン・バイエルンは、民衆からの信頼を得るために政治や文化政策に注力した摂政として知られている。

　ルートヴィヒ２世が1886年に死去した後のバイエルンの文化政策は注目に値する。王家であるヴィッテルスバッハ家の政治権力が落ち目になりつつあるなかで、バイエルンでは議会勢力が強くなっていく。そんななか、ヴィッテルスバッハ家は芸術活動に対して寛容な政策をとることで、王都ミュンヘンを中心に新しい文化も花開くこととなる。1912年にミュンヘンにやってきたアドルフ・ヒトラーは、「ミュンヘンを知らざれば、ドイツを見ていなかったということになる。いや、ミュンヘンをまだ見ぬ者は、そもそもドイツ人の芸術を知らないということだ」と書いている。この「ミュンヘンを知らざれば

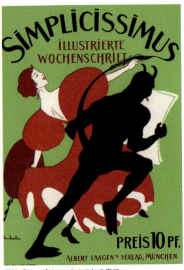

雑誌『ジンプリツィシムス』の表紙

ミュンヘン分離派の展示ポスター

……」という文言は、ルートヴィヒ2世の祖父ルートヴィヒ1世がミュンヘン改造計画を実施していた時期に述べた意気込みであった[5]。

　そして今でもミュンヘンの人気スポットである「シュヴァービング」は、この19世紀末に発展した区域だ。シュヴァービングとは、地域を指すというよりも、伝統的な美学を否定し正統派の支配に挑戦する生活様式と制作スタイルを標榜した芸術家集団を指す言葉であった[6]。ミュンヘン分離派は雑誌『青年』を発刊し、ヨーロッパ有数とされた風刺雑誌『ジムプリツィシムス』も1896年にミュンヘンで発刊されている。これらの雑誌は、芸術家たちの収入源となった。歴史研究者R・レンマンが指摘しているように、バイエルンで芸術・出版文化が花開いたのには理由がある。それは、他の王国や邦では出版の検閲

クルト・アイスナー（1919年頃の撮影）

バイエルン共和国を設立したアイスナーの死後に成立したバイエルン＝レーテ共和国の旗。社会主義・共産主義のシンボルカラーの赤一色が気持ちよいくらいだ。数ヶ月の短命国家と終わったが、ミュンヘンはこの後の「反動」によって、ナチ党を含めた右翼活動の中心となっていく。

や取り締まりが厳しかった。バイエルンでも検閲は実施されたが、この地では1848年に裁判における陪審員制度が成立しており、これが芸術家や著述家を守ったといわれている[7]。しかしこのように一時の隆盛をみせたバイエルンの芸術活動だが、帝政期の他都市も興隆することで人材が流出し、第一次世界大戦勃発による徴兵やそれにいたる途での検閲の強化によって凋落していくこととなった。

　そして1918年11月8日、ドイツ帝国内でいち早くミュンヘン革命が成功し、クルト＝アイスナーの「バイエルン共和国」が成立する。王は退位し、長きにわたってドイツに名を轟かせてきたバイエルン王国は、終焉を迎えたのである。ただし、アイスナーの暗殺によってバイエルンは混乱を極め、その後に成立したバイエルン＝レーテ共和国もまた1919年5月には倒されてしまった。保守的な雰囲気の強いバイエルンにおいて、ドイツ最初の革命が成功したことは世間を驚かせたが、反動として左翼への攻撃、つまり右派の動きが活発化する。ここで登場するのが、国民社会主義ドイツ労働者党、つまりナチ党であり、その党本部はミュンヘンに置かれた。さらにミュンヘン革命の5年後1923年11月8日に、ヒトラーが一揆を起こしたのもまた、ここバイエルンの首都ミュンヘンだった。

✠ ザクセン王国：発明王国ザクセンの最大の発明とは？

ザクセン王国の旗（上）と紋章（右）。

　ザクセン王国は、1806年の神聖ローマ帝国解体後に生まれ、1918年に終焉を迎えた。王都はドレスデンだ。1806年以前はザクセン公国であり、選帝侯として神聖ローマ帝国内で権力を保持してきた。16世紀にはルターの宗教改革を保護したが、18世紀には強王アウグスト（1670～1733年）がカトリックに改宗してポーランド王を兼ねたことが知られている。ここに、ドイツ東部・ポーランドにまたがる広い文化圏の富を蓄積する王家が生まれたのである。たとえばマイセンの陶磁器工房なども、ザクセンの繁栄を象徴しているといえるだろう。

　マイセンが王家によって支援されたように、ほかの新興産業もザクセン王国では発達することになる。本書が扱う19世紀から20世紀初期のものだけでも、機関車、チューブ入り歯みがき粉、ブラジャー、ティーパック、コーヒーフィルター、魔法瓶、そしてツァイスの光学産業などなど、キリがないほどである（→【ブラジャー】、下巻【ツァイス】など）。

　この発明を支えた一因は、19世紀にザクセン王国におとずれる人口増加であろう[(8)]。1815年には人口120万弱から1914年には500万人弱となっている。そして、1914年時点の1平方キロメートルの人口が346人というのは当時のヨーロッパでは最大の人口稠密となっていた。つまり、これは都市化が急激に進んだことを意味している。また、鉄道網も当時ではベルギーと並ぶ充実具合であった。

　「ザクセン」自体の伝統も古く、2000年ほど前に遡ることができる。カール大帝によるザクセン人征服（8世紀末頃）以降は、ザクセン人で公国を結成し、初代神聖ローマ皇帝はザクセン家出身のオットー1世であった。このように「歴史ある」ザクセンは、19世紀のザクセン王国にも引き継がれており、現在のザクセン州も文化・観光振興など

で宣伝に用いている。

ただし、ザクセンもまた「王国」としてバイエルンと同様にプロイセンとは微妙な関係にあった。1813年のドイツにおけるナポレオン戦争の天王山、いわゆる「諸国民戦争（ライプツィヒの戦い）」では、このザクセンが戦場となった。ザクセン王国は、当初ナポレオン側のライン同盟軍として参加することになる。しかし、その後、ザクセンがフランスに反旗を翻すことで全体の趨勢が変化し、最終的にはプロイセン連合軍の勝利となる。ここでザクセンは、ドイツ語系の「諸国民」が協力してフランスを破ったという伝説を創出することになる。本巻そして下巻でも、ザクセンの発明品や諸国民戦争記念碑などが扱われているが、実は発明王国として知られるザクセンの最大の発明は、この戦いの勝利とその「伝説化」だったのかもしれない。

フリードリヒ・アウグスト3世

ザクセン王国とプロイセンとの微妙な関係は、その後も続く。とくにナポレオン戦争後は、オーストリアを中心とする「ドイツ」か、プロイセンを中心とする「ドイツ」かで揺れ動くことになる。地理的にも両者のあいだに挟まれているザクセンの王ヨハンは、首相フォン・ボイストの進言もあり、1866年の普墺戦争でオーストリア側に付いて戦うことになる。結果、敗戦し、その後はプロイセンに忠誠を誓うことになる。なお、フォン・ボイストは後にオーストリア外相となった。

先述のように、ザクセン王国はドイツ帝国内でその利益をもっとも享受する国家のひとつとなった。第二帝国時代は発明以外にも、ザラザーニなどの有名サーカス団などの娯楽やタバコ産業も発展した。また、労働者運動の中心地となり、社会主義者アウグスト・ベーベルや共産主義者カール・リープクネヒトが活躍した。

なお、王国最後の王、フリードリヒ・アウグスト3世（1865～1932年）は軍人として元帥まで上りつめた後、第一次世界大戦にも参加した。その後、1918年のドイツ革命では労兵評議会（レーテ）に対して、「勝手にやってくれ！（私は関与しない）」と言ったとされるが、事実かどうかは不明とされている。また、ザクセン家も今なお現存する家系である。

✠ ヴュルテンベルク王国：したたかな黒色の獅子と金色の鹿

ヴュルテンベルク王国の旗（上）と紋章（右）

　前出のバイエルン王国以外にも、ドイツ統一後にも国家としての独自性を保ち続けた王国のひとつがヴュルテンベルク王国である。たとえば、バイエルン王国、ザクセン王国、バーデン大公国と同様に、独自の通貨を発行し続けるなどした。

　ヴュルテンベルク王国は、現ドイツでは旧バーデン大公国領とともにバーデン＝ヴュルテンベルク州となっている。第二帝国時代のヴュルテンベルク王国の特徴は、その領土のなかにプロイセンの飛び地が存在していたことである。むしろ、この地は、プロイセン王家であるホーエンツォレルン家の発祥の地であった。だから、ドイツのお城観光の目玉のひとつであるホーエンツォレルン城は、西南ドイツのこの州に存在しているのである（→【プロイセン王国】）。

　ヴュルテンベルク王国は、公国時代には内側にプロイセンを抱えつつ、その東西には強大なフランスとオーストリアの「通り道」であったことから、常にこのことに気配りせねばならなかった。とくに「旗色」を見極める能力が必要だったのだ。ナポレオン時代には、ナポレオン側に付き、1803年には神聖ローマ帝国の選帝侯となり、1806年の帝国崩壊後には王国へとランクを上げた。その後、ナポレオンの敗色が濃厚になると、オーストリアやプロイセン側につき、王国を維持したのである。この立ち回りの巧みさがヴュルテンベルク王国の特徴だともいえよう。

　強国の通り道であったヴュルテンベルクは、同時に人の通り道でもあり、数多くの偉人を輩出することとなる。たとえば、天文学者ケプラー、哲学者ヘーゲル、詩人ヘルダーリン、神学者バルトなどが活躍したチュービンゲン大学があり、ガソリンエンジン自動車の発展に大きく寄与したゴットリープ・ダイムラーやヴィルヘルム・マイバッハが出生し、活躍

ヴュルテンベルク王国の最後の王ヴィルヘルム2世の記念碑。彼はシュトゥットガルトの街を犬と散歩するのが好きだった。

したのもヴュルテンベルク王国であった（→【自動車】）。そして現在、ポルシェやベンツの本社も、王都であったシュトゥットガルトに置かれている。また、ヘルマン・ヘッセの出身地である小都市カルフがあり、ヘッセの小説にはヴュルテンベルク王国が舞台となっているものが多い。

　第二帝国時代のヴュルテンベルクには、二人の王が在位していた。ひとりはカール王である。1864年から91年まで王の任を務めたが、19世紀末の社会変容にさらされた人物として知られている。彼はホモセクシャルだった。帝政期ドイツとしては、皇帝ヴィルヘルム2世の例もあるように、男性同士で「心の友」になることは珍しいことではない。しかし、カールの場合は、徐々にホモセクシャルへの差別意識が高まってきた時代背景と、それに加えて男性パートナーを政治の場で重用したことが反発を招いたのである。

　カール王は、妻オルガの朗読係のアメリカ人チャールズ・ウッドコックと付き合い出す。王はウッドコックとおそろいの服を着て外出するなど、公然とその仲の良さを見せつけた。さらに、爵位を与えたり財産を分与しはじめることで、各方面から反発を受けていく。

　カール王には子息がいなかったので、彼亡き後を継いだのが、姉の息子であるヴィルヘルムであった。彼が、ヴュルテンベルク王国最後の王ヴィルヘルム2世（皇帝ヴィルヘルムとは異なる）である。ヴィルヘルム2世は「皆に好かれる」王たらんとして、街中を護衛なしで散歩するなど国民に「近しい王」として人気を集めた。

✠ バーデン大公国：自由主義の源泉地

バーデン大公国の旗（上）と紋章（右）

　1806年から1918年まで存在していた「バーデン大公国」は現在、西南ドイツのフランスと国境を接するバーデン＝ヴュルテンベルク州に組み込まれている。日本でも知られている主な都市に、カールスルーエ、ハイデルベルク、バーデン・バーデン、フライブルクなどが挙げられるだろう。また、第二帝国時代に大発展を遂げた都市がマンハイムで、その人口は1815年から1910年までの約100年間に、100万人から200万人へと二倍に膨れあがることになった。また、「バーデン」という言葉は「お風呂」という意味で、現在でも温泉保養地がいくつも存在している。日本の温泉ホテルもたまに「バーデン●●」と名づけられていることもあるくらいだ。

　バーデンは、その西側を南北にライン川が流れており、フランスとの国境地帯としてフランスの影響を大きく受けながら発展してきた。とくに1789年に発生したフランス革命の影響をドイツ地域でもいち早く受けた場所のひとつだ。つまり、自由主義の影響である。バーデン大公国自体が、ナポレオンの東方遠征の最初の足がかりとなり、「ライン同盟」に組み込まれたことで成立した国だったのだ。そこでは、最も進んだ自由主義的な二院制議会が設立され、さらに1848年のフランス2月革命の影響を受けて、「ドイツ1848年革命」の起点のひとつとなった地域である。それが同年のフランクフルト国民会議へとつながっていくのだが、全体的に見るとこの革命は失敗に終わった。

　しかし自由主義の気風は残り続けた。また、バーデン大公も民衆に近い執政者であり、人気もあった。ドイツ訪問中の吉野作造もまた、バーデン大公をプロイセン王家との対比のなかで「民主的」だと評価している[9]。1918年に最後の帝国宰相となり、民衆と王

マックス・フォン・バーデン　　　　　　　マンハイムのカール・ベンツ記念碑

族の仲介役として、そして休戦交渉役として活躍したのが、バーデン大公家のマクシミリアン・フォン・バーデン（マックス・フォン・バーデン）であった。彼は結果的に、皇帝ヴィルヘルム2世に引導を渡し、退位させた人物でもある。そして、次のヴァイマル共和国の初代大統領フリードリヒ・エーベルトに国政を引き継いだ人物でもあった。

　1871年にはドイツ帝国を構成する邦国のひとつとなるが、第二帝国時代には本書の下巻で紹介するカール・ベンツの発明などに代表されるように産業的に大きく飛躍する。ここにはバーデン大公国のもつ、ふたつの要因が関係している。まずは、自由主義的な気風は、新進の考え方の追い風となり、産業界を刷新する原動力となった。第二に、ドイツ帝国がフランスとの戦争勝利によって成立したことで、バーデン大公国の西側には帝国領エルザス＝ロートリンゲンが成立し、安全保障上もバーデン大公国は有利な立場となったのである。逆にフランス産業界との結びつきを生み出したともいえよう。

　以上のような歴史的背景から、バーデン大公国は独自の産業・工業発展を見せていくのである。しかしそれも、第一次世界大戦が勃発し「前線」となることで危機をむかえ、その後の敗戦、さらに第二次世界大戦の敗戦によって、一時の輝きは失われることとなった。しかし現在でも旧バーデン大公国を旅すれば、温泉以外にも自由主義の面影を街角の記念碑や博物館で偲ぶことができる。

✠ 「兄系ロイス」と「弟系ロイス」：兄弟みなハインリヒ！

左が兄系ロイスの旗、右が弟系ロイスの旗。兄系ロイスの旗は、現在のドイツの国旗と酷似しているが、縦横の比率が異なる。

　現在のドイツ中部のテューリンゲン州に飛び地で点々と存在していたロイス侯国。あまり目立った存在ではないが、ドイツ帝国最後の皇帝ヴィルヘルム2世の死の直前まで付き添った妻ヘルミーネは、ロイス家の出身である。

　「兄系ロイス」と呼ばれるロイス＝グライツ侯国と、「弟系ロイス」と呼ばれるロイス＝ゲーラ侯国の二つが第二帝国時代に存在した。この特徴は、その家系の説明がとにかく複雑だということだ。たとえば、19世紀に優秀な領主として名高い弟系ロイス侯爵のハインリヒ67世には、ハインリヒ7世、11世、14世、16世がいて、別家のハインリヒ72世の妹の子がハインリヒ14世として弟系ロイス家を継ぐことになる……。どうだろうか、このこれでもかというほどの「ハインリヒ」の羅列。

　ロイス家は、男子が生まれるとすべてハインリヒと名づけ、家の即位とは関係なく、何世かというナンバリングをしていったのである。ハインリヒ72世は、世界で最もナンバリングの多い侯爵として知られている。ただし、公式な後継者ではないので無効であるとの意見もあるらしい。いずれにせよ、男子全員がハインリヒというのは兄系・弟系の結束を意味し、そして確かにややこしいが男性親族の名前を覚えるのが楽だ。

　また、さらに不思議なのは、ハインリヒ72世の後継者が、ハインリヒ14世である点だ。ナンバリングの数字が減っている。実は、世紀が転換するとナンバーを一回リセットするので、このような状況が生まれているのである。とにかく、ハインリヒにこだわり続けたロイス侯国、1918年のドイツ革命によって、ロイス共和国が成立したが、1920年には消滅している。

✠ エルザス=ロートリンゲン：二つの大国のはざまで

帝国領エルザス=ロートリンゲンの旗（上）と紋章（右）。しっかりとドイツ帝国の象徴であるワシが描かれている。

　世界史の教科書では、「アルザス＝ロレーヌ」とも表記される「エルザス＝ロートリンゲン」は、同地域をドイツ語で表記したものだ。1871年に、プロイセン（ドイツ）がフランスを破った結果、その後に成立するドイツ帝国の一部として成立した。正式には「帝国領エルザス＝ロートリンゲン」と呼ぶ。

　この地域はよく「フランスとドイツの係争地」と呼ばれることがあるが、まさに両大国のあいだで「利用」された地域だといえよう。もともと神聖ローマ帝国領で、ドイツ語系のアルザス語を話す者が多数を占めており、昔、日本の国語教科書に掲載されていたドーデ「最後の授業」は、フランス側の政治宣伝小説だったともいえる。「最後の授業」は、この地域がドイツ領に入ることになり、教師がフランス語の最後の授業を行うという話だが、1871年という反ドイツ感情が吹き荒れた時期にフランスで連載開始されていることからも、「フランス万歳」な話なのだ。

　ではアルザスが「ドイツ」かというと、そう単純な話ではない。まず、長年のフランス体制下で都市部ではフランス語を話し、フランス支持の意識も定着していた。さらに1913年には、ドイツ将校がこの地域で現地住民を侮辱し地域からの反発が激化した事件「ツァーベルン事件（サヴェルヌ事件）」も発生しており、「ドイツ帝国」に同化したとはいいがたい。

　現在もフランスのメッス（ドイツ語名「メッツ」）の中央駅の一部分は、1908年のドイツ帝国時代に改築されたものだ。また、ストラスブールの駅も同様に帝国時代の様式が保存されている。なお、帝国時代の改装は、駅を軍用（兵器の輸送車用）にする改造計画でもあった。

✠ 初代皇帝ヴィルヘルム1世：自由主義の敵か？ 味方か？

書斎の皇帝ヴィルヘルム1世（1880年）

白ひげ王ヴィルヘルム1世（1797-1888年、ドイツ皇帝の在位期間は1871-88年）

　1797年、つまり18世紀に生まれたヴィルヘルムは、19世紀のドイツそしてヨーロッパの勢力関係を大きく塗りかえる人物となる。その生涯は90年にわたる長いものだった。長寿であったヴィルヘルムの人生観を決定した出来事は、高校世界史の教科書に太字で書かれているような重要事項のオンパレードだ。

　1810年代の対ナポレオンの解放戦争、そこにヴィルヘルムは若くして従軍している。また、1848年に発生した市民革命では、自由主義者からの恨みを買う行為をしている。つまり、ヴィルヘルム自身が反乱の鎮圧に加わり、前掲のバーデンなどに進軍し反乱軍を殺戮するなど、かなり憎まれる存在となったのである。

　しかしその後の一時期、ヴィルヘルムは自由主義者に接近することになる。これは妃アウグスタの影響や兄王との対比のうえでの接近作戦であった。しかし、1861年にプロイセン王になると、議会運営上、自由主義派との対立を深めていく。そこで活躍したのが宰相ビスマルクであった。その後、シュレスヴィヒ＝ホルシュタイン戦争、普墺戦争そして普仏戦争で勝利することで、結果、ヴィルヘルムはドイツ皇帝ヴィルヘルム1世となり、ドイツ統一を成し遂げた。これによって、ヴィルヘルム1世は英雄視され、バルバ・ブランツァ（白ひげ王）と呼ばれ、数々の記念像・記念碑に功績を刻まれていくことになるのである（→下巻【記念碑】）。

✠ 2代皇帝フリードリヒ3世：帝政期の希望か？

フリードリヒ3世（写真は皇太子時代）と息子ヴィルヘルム（後のヴィルヘルム2世）

　フリードリヒ3世は、皇帝ヴィルヘルム1世が1888年に死去した後に、第二代の第二帝国皇帝として即位した。イギリス女王のヴィクトリアの長女を妻としたことから、当時の自由派の市民の多くから期待された皇帝だった。ヴィクトリアの長女ヴィクトリア・アデライーデ・マリー・ルイーザは、才気煥発な女性として知られ、イギリスの立憲君主制のような議会制がドイツにも導入されるのではないかという期待が高まったのである。これには議会でのビスマルクの「独裁」の弱体化の思惑も含まれていた(10)。また、イギリスとの関係改善も望まれた。

　このような期待を一身に受けた皇帝だったが、彼の治世は長くは続かない。すでに喉頭がんを患っていたこともあり、即位した1888年にはすでに病に蝕まれており、最終的には99日間、つまり約3ヶ月で死去することで「百日皇帝」と呼ばれることもある。また、先述のビスマルクの呪縛からの解放への期待、あるいは自由主義派の抱いた期待によって、フリードリヒ3世を自由主義に好意的な皇帝だった（はずだ）と伝説化された側面があることには注意を向けなければならない。

　フリードリヒ3世を起点に、現在とドイツ帝国の関係あるいは連続性を考えてみよう。彼と皇妃のあいだに生まれた娘マルガレーテ・フォン・プロイセンが、1954年まで生きており、その子は1989年まで存命であった事実を考えれば実はドイツ帝国はそう遠くはない過去のように思えてくるかもしれない。

✠ ヴィルヘルム2世：最後の皇帝はグミがお好き

マックス・コーナー作の絵画（1890年）

　2代皇帝フリードリヒ3世の子であり、全名がフリードリヒ・ヴィルヘルム・ヴィクトル・アルベルト・フォン・プロイセンとかなり長いのが、第3代皇帝であり、ドイツ帝国最後の皇帝ヴィルヘルム2世である。彼は、1888年に29歳の若さで皇帝の座に就いた。本書内でも複数箇所で言及される、いわゆる「ドイツの世界政策」を推進した皇帝である。1896年には、「ドイツ帝国は世界帝国に発展した」と宣言した[11]。ただし、この背景には海軍拡張政策の支持を得ようという意図があった（→下巻【軍艦】）。

　彼の生い立ちは、ふたつの時代の大きな流れのはざまで揺れ動いた。それはドイツ帝国創立者の「偉大なる」祖父ヴィルヘルム1世、そして進歩的で開明的な父フリードリヒ3世と母ヴィクトリアのふたつの「親の勢力」であった。もちろん有力なのは、祖父の方だった[12]。しかしそれでも、イギリス王室出身の母ヴィクトリアは、独英関係が悪化し

18歳のヴィルヘルム2世（1877年）

ヴィルヘルム2世は、「メディア皇帝」として数多くの写真が残っている。また、「カイザーひげ」も「見せる」皇帝のアイテムのひとつだった。

ないように息子には非軍事的な教育を受けさせようと努力した。そして、ベルリンから離れたカッセルそしてボンでヴィルヘルムに高等教育を受けさせることに成功する。カッセルでは、ホーエンツォレルン家ではじめて、ヴィルヘルムが一般市民の師弟と机を並べて教育を受けた[13]。だが、90歳まで生き、家長としても影響力をもった祖父が亡くなった年、父も亡くなり、その直後に若くして皇帝となったヴィルヘルム2世は、「祖父の政治」は幼い頃から見てきたが、「父の政治」を観察し模倣する機会はなかったのである。

ここで、ドイツ史家ハインリヒ・アウグスト・ヴィンクラーによるヴィルヘルム2世に関する叙述をみておこう。

重要な事は、彼がほとんどの点で父（皇帝フリードリヒ3世）と正反対だったことである。自由主義的な信念をもたず、著しく権威主義的であった。宮廷説教師シュテッカーら反ユダヤ主義運動の指導的な代表者と親交を結んだ。多才であったが、皮相的であった。内面の不確実性と、生まれつき左腕に障害をもった肉体的弱点とを力強い演説で補おうとする饒舌家であり、華美を好み、虚栄心が強かった[14]。

銃士の服を身にまとうヴィルヘルム2世

なんとも酷い言われようである。しかし、ヴィルヘルム2世の治世下にドイツ帝国が終焉を迎えたことも考慮すれば、実際に低評価とされても仕方ない面があるのかもしれない。ただし最新の研究では、ヴィルヘルム2世像は少し修正が加えられつつある。彼の腕の障害、精神的な不安定さなどをドイツ帝国末期の政治史と重ねあわせるのはゴシップ的な魅力を放つが、歴史的・政治的評価としてヴィルヘルム2世時代をどのように見ていくのかという点が重視されつつある。そこでは、評価の修正が迫られ、単純化をいかに避けるかがテーマとなっている。

しかし、彼自身の「政治的」評価が急激に好転することはないだろう。たとえば、「世界帝国」宣伝に関してヴィルヘルム2世時代にドイツ帝国が実際には広大な領土を得ていないにしても、国内政治の不安定さや不満を外部への進出によって覆い隠すという植民地帝国主義的な政策・思想であり、これはやはり第一次世界大戦へと帰結する大きな原因として無視できないからである。

「饒舌家」だと評されているヴィルヘルム2世だが、もっと具体的には「一言多い」面があった。たとえば、ガソリンエンジン式の自動車では、「自動車は一過性であり、私は馬を信じている」と言ってみて、その後に自動車時代が到来すると、皇帝用の自動車を所有したりした（→下巻【自動車】）。ほかにも、ヴァイマル時代にはグミ菓子「ハリボー」を、「ヴァイマル共和国が生み出した最高のものだ」と述べている[15]。ヴァイマル時代はすでに、彼は皇帝ではなく、亡命先のオランダにいた。王政を廃し民主制に移ったヴァイマル共和国にはろくなものがないと皮肉っているのだ。つまり、この言葉には負け惜しみ感がにじみ出ているのである。また、ヴィルヘルム2世は大学時代にハリボーが発明されたボンで生活したので、ボンへの愛着もあったのかもしれない。

映画『バルトの楽園（がくえん）』で、ブルーノ・ガンツ演じるドイツ将校（将軍）は、ヴィルヘルム2世の肖像を捕虜収容所の自室に掲げている。絵画や写真に描かれることが多いヴィルヘルムは、メディアによるイメージ創出を利用した「国民的皇帝」として知られる。また、「国家第一の俳優」と言われることもある。この『バルトの楽園』の「バルト」とは、ドイツ語で「ひげ」という意味であり、直訳すると「ひげの楽園」。この「ひげ」

亡命先での「元」皇帝ヴィルヘルム2世

を象徴的に「カイザーひげ」として自己像の宣伝に用いたのもヴィルヘルム2世であった。

ただし、自身の自己像の強調に対し、他者からもまたイメージを作りあげられたのもヴィルヘルム2世であった。星乃治彦『男たちの帝国』に詳しく書かれているように、この若き皇帝は同性愛者としても知られるが、19世紀末には親しい仲間を優遇して政治決定を下し、スキャンダルとなる事件も起きた。同時に、ヴィルヘルム2世は他国でもカリカチュアなどで数多く描かれている。また、「黄禍論」の支持者であり、東のアジアの脅威、とくに日本の脅威を国内で訴えていた。事実、第一次世界大戦では日本と戦争することになる。

ヴィルヘルム2世は、イギリスのジョージ1世やロシアの皇帝ニコライ2世とは親族だった。彼ら三人の指導者は、第一次世界大戦で、英露と独で敵側として戦争することとなる。第一次世界大戦は、「総力戦」として現代戦争のはじまりの一頂点だとされる。しかし、見方によっては、この大戦が貴族・王朝時代の最後の大戦争でもあった点も無視できない。それを象徴的に表すのは、ドイツ帝国は皇帝の退位によって敗戦へと至り、ロシア帝国は1917年にロシア革命によって戦争は終結する。ではイギリスはどうかといえば、イギリスもまた映画『メアリー・ポピンズ』に描かれるように、男女普通選挙を求める運動が盛り上がり、第一次世界大戦を画期としてイギリス政治も変容を迫られたのである。なお、強調しすぎてはいけないが、男女普通選挙の要求は銃後の女性たちの地位向上とも関係している。

フリードリヒスルーの執務室でのビスマルク

✠ ドイツ帝国の体現者：その血統と決闘の日々

　ドイツ帝国成立後のおよそ20年間、帝国を牽引した人物が帝国宰相ビスマルクである。正式名は、オットー・エードゥアルト・レオポルト・フォン・ビスマルク＝シェーンハウゼンという。彼の生まれた1815年という年は、フランス革命で盛り上がった自由主義に対抗した王政復古のウィーン体制の開始時期にあたる。フランス革命で火がついた自由主義と王政との対立が繰り広げられる19世紀を生きた人物、それがビスマルクであった。彼は、この二者の対立を、あるときは妥協し、あるときは力技で巧みにコントロールしていった。

　ビスマルクの政治的な舵取りの上手さは、彼の出自が大地主身分ユンカーと教養市民階層との「ハイブリッド」であった点による部分が大きいだろう。つまり、王政的な思考と自由主義的思想との間を架橋できた人物だった。この点はビスマルクの資質もあるが、時代が王政から民主政へと移行していくなか、急速に発展する工業力を利用しつつ、内政、外交、そして戦争を遂行したビスマルクは時代的な寵児だったともいえよう。ただし、ビスマルク家が豊かだったかというと、名前に「フォン」の付くなかでは貧しい方だった。そんなビスマルクだが、若い時分の破天荒さはよく知られており、ゲッティンゲン大学在

ビスマルク、11才の肖像画（フランツ・クリューガー作）

学中の1年半で25回もフェンシングによる決闘を行うほどであった（→下巻【決闘】）。
　ビスマルクについては、大内宏一『ビスマルク　ドイツ帝国の建国者』に端的かつ明解にまとめられており、また外交については飯田洋介『ビスマルク──ドイツ帝国を築いた政治外交術』に詳しい。本書は、一般的知識と研究をつなごうとする試みなので、これらの書籍に、ドイツ語の基礎文献を加えるかたちで、ビスマルクの功績をまとめておこう。
　まずは、その内政だが、これは決して順調に進められたわけではなかった。ビスマルクは、常に反対勢力の対応に苦慮していたといえよう。たとえば、「鉄と血によって問題を解決する」という有名な演説は、鉄血政策として知られる。これは、予算通過の同意を得るために下院の自由主義者たちに向けて、「国境をめぐる大事」の前では多数決に拘っていては解決に向かわないという意図だったが、多数決を否定された自由主義者は激しく反発した。これは1862年のドイツ統一前だが、このような内政問題はビスマルク内政には常につきまった。他にも、新国家の大問題として不完全な憲法をめぐる議論があり、これは「憲法紛争」として長らく内政の課題となった。他に、内部に「敵」を作って結束力を高める「負の統合」なども知られている。それが文化闘争というカトリック弾圧政策や社会

1862年、プロイセン首相就任前のビスマルク（ドイツ連邦文書館 Bild 183-R15449 CC-BY-SA 3.0）

主義者鎮圧法だった。他方で、「アメとムチ」で知られるように、急速に増加する労働者や高齢者に向けては、疾病・労災・障害高齢者保険などを導入して社会政策を進めていった。しかし、これは「国家社会主義（Staatssozialismus）」と呼ばれるように、国家主導の社会主義政策であり、「国民統合」を果たす目的があった。なお、「アメとムチ（Zuckerbrot und Peitsche）」、正確には「菓子パンと鞭」と訳せるこの語自体が、ビスマルクの社会政策を皮肉った社会民主主義者によって生み出された言葉だった。

　外交ではいわゆる分断外交を行った。つまり、ドイツは四方を強力な国家に囲まれているので、そのなかの複数国が同盟を結んで挟み撃ちに遭わないようにフランスを孤立させたり、ロシアに歩み寄ったり、はたまた親仏路線をとったりとバランスを取ろうと努めた。いわゆる国際政治における「ビスマルク体制」の成立である。また、これが功を奏し、ドイツ帝国成立以後のビルマルク時代には、ドイツ帝国は大きな戦争をすることもなく、内政そして工業をはじめとする近代化政策に集中することができたのである。ただし、外交政策のなかでも植民地政策に関しては、ビスマルクは当初、慎重な態度を取っていたが、結果的にはビスマルク時代にドイツはアフリカ植民地などを領有していくことなった。

　その後、ヴィルヘルム2世との対立によってビスマルクは1890年に失脚する。しかし、この元宰相の退任を惜しむ者は多く、彼は熱狂的に見送られながらベルリンを去ることになった。また、誕生日には多くの祝賀メッセージが届けられたらしい。飯田『ビスマルク』によれば、1895年

工業化を推進したビスマルクを鍛冶屋にした彫像（ベルリン辺境伯博物館）

の80才の誕生日には一万通の祝電、45万通を超えるカードが送られたという。また、およそ450都市がビスマルクを名誉市民に選出した。

この「鉄血宰相」も1898年にこの世を去る。しかしその後も、人びとのビスマルク熱は納まるところを知らず、ドイツ帝国全土でビスマルク・ブームが巻き起こった。各地にビルマルク塔やビルマルク記念碑は建造され、ビスマルクをドイツ帝国の守護者、いや「守護神」としてまつりあげた。これには世紀転換期の社会変動や国際情勢の不安なども背景にあるだろう。ビスマルク伝を著したスタインバーグも「ビスマルクが大衆に訴えかけたことはなかったし、ようやく人びとが彼に魅了されるようになったのは、彼が権力を失い伝説化してからのことだった」と書いている。ただし、最新の研究では、彼を一政治家あるいは一大臣として冷静に見つめる傾向にある。

ケルンのビスマルク塔。ケルン市民の寄付によって建造され、1903年に完成した。

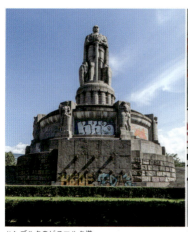

ハンブルクのビスマルク塔

ビスマルクをコラージュしたステッカー

✠ ポスト・ビスマルクの宰相たち：「権力の真空」を埋めるのは誰だ？

ビスマルクの後任としてドイツ帝国宰相となったカプリーヴィ

ホーエンローエ＝シリングスフュルストの肖像画（フランツ・フォン・レンバッハ作、1896年）。バイエルン王国の宰相も務めた老練な政治家だったが、就任時にすでに75歳になっていた。

　ドイツ帝国の初代宰相を務めたビスマルクは、皇帝との意見の相違もあり、1890年に退陣することとなる。その後ポスト・ビスマルク時代の政治の舵取りを務めたのは、以下の4人の宰相だった。レオ・フォン・カプリーヴィ（任1890～94年）、クロートヴィヒ・ツー・ホーエンローエ＝シリングスフュルスト（任1894～1900年）、ベルンハルト・フォン・ビューロー（任1900～09年）、テオバルト・フォン・ベートマン＝ホルヴェーク（任1909～17年）で、彼らが第一次世界大戦開始期までの帝国宰相である。

　ある歴史家の言葉を借りれば、ビスマルクの後任のカプリーヴィは「善意のカプリーヴィ」、続く宰相たちも「年老いたホーエンローエ」、「如才ないビューロー」、「初老の官僚ベートマン＝ホルヴェーク」などと呼ばれる[16]。なんだか、全体的にぱっとしないニックネームしか付けられていない。ビューローはやや褒められているが、ほかの宰相はむしろバカにされている部分もある。そして実際に、ビスマルクの後任者の各宰相にとって、すでに「中央ヨーロッパの雄」となったドイツ帝国を仕切っていくのは荷が重すぎた感がある。

　ここで忘れてはならないことは、ドイツ帝国の宰相は、同時にプロイセンの宰相だったということである。さらに各邦の代表との調整を行う連邦参議院の議長を務め、さらにさらに帝国憲法では内閣の規定などもなく、宰相は多岐にわたって政治活動を行っていく超人的な能力、いわばビスマルク級の能力を要求された[17]。たとえば、

後任のカプリーヴィは、ビスマルク後の宰相に就任することを嫌がっていたといわれる。実際にビスマルクと初代皇帝ヴィルヘルム1世が両者ともに退いたドイツ帝国の政治状況を「権力の空白」と呼ぶ場合もある。

　そして、ビスマルクの約20年におよぶ帝国宰相としての任期の長さ（プロイセン首相を含めればもっと長い）と比べれば、後継者たちの任期もそれほど長くはない。宰相交代の頻繁さは同時に、皇帝への権力集中を意味する。とくに3代目宰相ホーエンローエ＝シリングスフュルスト、4代目フォン・ビューローの時代には、皇帝ヴィルヘルム2世の「親政」と呼ばれる状況が進行していく。その後、若き皇帝がヘマを繰り返すことで皇帝の政治発言力が落ち込むと、代わりに官僚・宮廷・陸海軍の影響力が、「空白」に入り込むこととなっていくのである。

　ただし、ビスマルクのバランス外交からヴィルヘルム2世の世界政策への転換という、世界史教科書にも載っている事項は、ポスト・ビスマルクの宰相たちの業績をみれば、単純図式で語れない面も浮き上がってくるだろう。たとえば、2代目宰相のカプリーヴィはイギリスに接近し、アフリカ植民地問題を国際紛争の火種にしないように努めた。現在のナミビア共和国東部の突き出た部分（ザンベジ州）が、2013年までは「カプリーヴィ回廊」と呼ばれていたのも彼の植民地政策の結果であった。

　確かにヴィルヘルム2世の世界政策は、第一次世界大戦という結果を招いた。後からみればそのように直線的に原因と結果とがつながっているようだが、実際には紆余曲折を経ているのである。

ビューロー、「ビスマルク」を目指した政治家だったが、「デイリーテレグラフ事件」で皇帝の尻ぬぐいをさせられ辞任……（連邦文書館：Bild 146-2004-0098 / CC-BY-SA 3.0）

第一次大戦開戦時の首相ベートマン＝ホルヴェーク。教養があり、勤勉で、衝突を恐れる官僚の典型とされる[18]。だが、この「官僚的な性質」では、ポスト・ビスマルクの政治を実行できなかったのである。

メイド・イン・ジャーマニー：モノモノしき帝国の成立

　ドイツ製あるいは「メイド・イン・ジャーマニー」といえば、今では「職人技・高品質・質実剛健」だと形容される場合が多い。実は、このようなイメージはドイツ第二帝国の時代に生みだされた。「メイド・イン・ジャーマニー（made in Germany）」という言葉は、19世紀中盤にイギリスやフランスなどと比べて後進国であったドイツが、先進国ならぬ「製品国」にのし上がった歴史を象徴している。

　ではなぜ、ドイツ帝国が、製品（モノ）作り帝国となっていくのだろうか。一般的には、ドイツが1871年にフランスとの戦争に勝利し、その賠償金50億フランを工場などの設備投資に向けたことが理由とされる。しかし他にも、この問いに対しては、数々の歴史的な事例を挙げることができるだろう。すでに植民地帝国を築いていたイギリスと比べれば、植民地を「あまり持たない」新興勢力のドイツ帝国は、自国の製造品を植民地へと押し付けて売る経済戦略が採りにくかった。このこともあって、消費者目線を意識した製品競争に飛び込まねばならなかったとも考えられる。また、英仏に比べて大規模な工業化が遅れてやってきたので、製品に付加価値を付けなければならず、アイデア勝負に飛び込まざるを得ない面もあったのではないだろうか。

　次に、ドイツ製品の苦闘がみてとれる事例を挙げてみよう。1876年のアメリカ・フィラデルフィア万国博覧会では「ドイツ製品は安っぽく質が悪い」との評価が下された。これはドイツ産業界にショックを与え、彼らはいたく憤慨したといわれている。そして、この評価をくつがえさんと、ドイツの製品メーカーは好景気を追い風として、安さを競う価格競争よりも品質を重視するようになったという[19]。

　そんなドイツ・バッシングのなかで生み出された言葉が「メイド・イン・ジャーマニー」だった。ときは19世紀末、イギリスは「質の良い」自国製品を保護しようとする。そして、1887年に「質の悪い」ドイツ製品とイギリス製の品物とを区別するために、「メイド・イン・○○」という文字を表示義務とした[20]。そうして、イギリス国内で「メイド・イン・ジャーマニー」表示が生まれた。だから、この言葉は英語で書かれているのである。

　しかし実際には、すでに1887年の時点で、前述したようにドイツは安価な不良品を輸出するのではなく、質で勝負するようになっていた[21]。1896年に、英国ジャーナリストが、ずばり『メイド・イン・ジャーマニー』という本を著し、ドイツ製品につけた烙印はドイツ叩きとして機能せず、逆に彼らにブランドを与えた可能性を説いている。実際に、このジャーナリストの指摘どおりに、「メイド・イン・ジャーマニー」は高品質のドイツ製品を示す「品質保証札」となったのである。とくに、本シリーズ『第二帝国ドイツ』の下巻で扱う、軍事・化学・工業製品は、19世紀末には優れモノとして不動の地位を得るまでに至っていた。

　だが、高品質の製品とその産業は他国との経済的な摩擦を生み、同時に「第二帝国のドイツ人」の心のなかにも、「ドイツ（自国）の製品は世界一ィィ」という製品ナショナリ

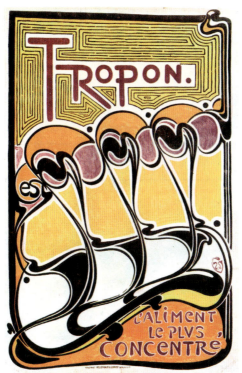

ドイツの食料品メーカー「トロポン」のポスター（1899 年）。第二帝国時代の商品開発は、同時に宣伝広告の発展も意味していた。

ズムのようなものを芽生えさせたことも指摘しておきたい。つまり、マンガ『ジョジョの奇妙な冒険』に登場するドイツ軍人シュトロハイム大佐の「ナチス（アニメではドイツ）の科学は世界一ィィィ！」というセリフは第二帝国時代を背景としているのである。実際、1914 年に始まる第一次世界大戦に関していえば、ドイツ製品は物理的のみならず、精神的にも戦争体制を支える役目を果たした。つまり、「高度なドイツ・テクノロジー」は、戦争においても有利に働くに違いないという気持ちを生み出したのである。その後も、ナチ・ドイツ体制や第二次世界大戦下でも、様々なドイツ製品が独裁体制の物心両面を支えていった。

　本書で紹介する「メイド・イン・ジャーマニー」の品々を知ることは、19 世紀から 20 世紀、そして現在のドイツを映しだす鏡だ。そして、ドイツと同様に第二次世界大戦に敗れ、戦後に高度経済成長を遂げ、「メイド・イン・ジャパン」を誇りとした日本に関しても、違った観点から考える材料を提供してくれるはずだ。

ベルリンのデパート「カーデーヴェー」の製品カタログ（1912年）

✠ デパートの開店：商品たちの百貨争鳴

　「消費の殿堂 (Konsumtempel)」、それがデパートメント・ストア（デパート）である。確かにデパートに溢れる製品たちはそれぞれが輝きを放ち、ある種で宗教的ともいえる「喜捨」精神をくすぐる。19世紀末、デパートは消費の魅力で大衆を虜にする役割を担わんと、貴族の愛用品の廉価版を販売する場としてはじめられた。「ちょっと上の贅沢」を本質とするデパートは、モノを通じて想像のなかの「上流階級」に近づくチャンスを提供する「宗教的」装置であった。

　19世紀の貴族階層は、衣服を自分用に各自で注文していた。そこでデパートは、様々なデザインの既製服を売ることで、「貴族の贅沢」を大衆の手の届くものに近づけた。これも、デパートがファッション史に与えた大きな影響である。現代日本でも、デパートの宣伝文句の多くに「あなたらしさ」が用いられていることも合わせて考えてみたい。大量生産された既製品を売っているにも関わらず、デパートは「あなたらしさ」（自分用）へとつながる歴史をもっていたのである。

　もうひとつのデパートの本質は、「蒐集と分類」だとされる[22]。店内空間は、工業製品、衣料品、食品の展示博覧会といった雰囲気を醸し出している。この、商品の種別と数量を充実させることで、「何でも揃っている」という気持ちを消費者に与える。これによって、訪れる市民の消費欲をくすぐった。

デパートでの買い物の様子。混みすぎ……。1901年頃。

　次に、別角度からデパートの影響を考えると、外せないのは女性との関わりであろう。19世紀には、女性たちだけで連れ立ってレストランやカフェに行くことを「はしたない行為」だとする風潮があった。しかし徐々に認識は変化し、婦人たちが集まって百貨店に出かけるのは、彼女たちの重要な余暇の過ごし方の一つとなっていく。婦人たちの百貨店熱は社会現象となった。フランスの事例だが、当時は病理として「窃盗症」も百貨店が結びつけられて語られた。

　さて、この「デパート・システム」、19世紀半ばのフランスで生み出されたものとされているが、その正確な起源を見出すのは難しい。鹿島茂氏らのフランスの文化史研究者は、18世紀末のフランス革命後の博覧会を起源のひとつとしている。いずれにせよ、工業化にともなって新興ブルジョワ層が生まれてくることで、従来の商店が複合化し、巨大化した結果だといえよう。ドイツの場合、19世紀後半から20世紀はじめにかけて、現在のドイツでよく見かけるデパートやスーパーが開店していく。

　ドイツ帝国の首都・ベルリンでは、1900年頃に次々とデパートが開店する。そのなかには最近まで存在したか、あるいは現存するデパートも多い。たとえば、バルト海の港湾都市シュトラールズントから商売をはじめたヴェルトハイム家は、北ドイツでの成功を活かして、ベルリンの中心地でのデパート開店に乗り出していく。そして先述のように、百貨店は「消費の殿堂」と呼ばれたが、ベルリンに開店したデパートの数々の外観も、まさに神殿そのものだった。現在もその名が残るベルリンの百貨店としては、1907年に開店した「カーデーヴェー（Kaufhaus des Westens）」がある。

　このように繁栄の象徴ともいえるデパートを、19世紀末から20世紀にかけてのドイ

ヴェルトハイム百貨店の内部（1900年頃）　　　ベルリンの百貨店ティーツ（1900年頃）

ツ帝国各地で規制する動きが起きる。これは、デパートによる中小規模店舗の倒産を防止する目的があった。しかしそれだけではなく、デパート経営者にユダヤ系が多かったこととも関係し、デパートへの特別課税は政治的な意味合いも含まれていた。

　このようにユダヤ資本の象徴とみなされたデパートは、ナチ時代にも再び規制されることとなる。とくにヒトラーは、中小規模の商店経営者の支持をとりつけるために、大商店であるデパートを「敵」として排撃したのである。1933年3月にはブラウンシュヴァイク市のデパートが攻撃されるなどの「デパート襲撃の嵐」が吹き荒れ、その後もユダヤ系のデパートの閉店や経営者の追放が頻発した。カーデーヴェーやヴェルトハイムも、閉店あるいは召し上げ同然の措置を受ける。

　第二次世界大戦後には、カーデーヴェーのように西ベルリンで経営を再開した事例もあったが、戦前のデパート建築が別の用途で利用されることもあった。たとえば、ヴェルトハイムのデパート建築は、1990年代のテクノシーンを牽引した伝説のクラブ「トレゾーア」（初期のトレゾーア）に改築されるといったように再利用されたし、統一後ドイツのアートシーンの中心地の一つとなった芸術複合施設「タヘレス」（2012年に閉鎖）ともなった。また、2014年、ベルリン・ポツダム広場近くのライプツィヒ広場にあったヴェルトハイム・デパート跡には、1900年頃のデパートの外観に模したショッピングモール「モール・オブ・ベルリン」が開業している。

　これらの事例からは、19世紀末から20世紀を彩ったデパート文化がその後のベルリンの文化発展にも一役買ったという事実、デパート建築とベルリンの都市外観の強力な結びつき、そして繁栄の記憶へのこだわりが垣間見えるだろう。

アーヘン市場のティーツ百貨店（1910年頃と推定）

ドイツのあちらこちらで見かけるパン屋チェーン店のひとつ「ヴィーナー・ファインベッカー」。オーストリア・ウィーンの名を冠するが、1891年に西南ドイツで開業した。

✠ パン・ドイツ主義：軍用パンと女性マイスターの誕生

　19世紀後半には、農耕機具の発達や化学肥料の開発など、科学の力によって、ドイツ人の栄養源である穀物（麦）の不足が解消されていった（→下巻【トラクター】）。つまり、餓えに苦しむということが少なくなってきたのである。

　さらなる技術発展によって、パン工場が建設され、パンの大量生産も可能となっていく。現在、ドイツのいたるところで見かけるパン屋のチェーン店だが、その起源も第二帝国時代に遡ることができる店が多い。

　また、パンの大量生産は、兵士の食料供給とも関連し、長期間の兵站を可能とした。たとえば1890年には、軍用の「バックオーフェン・ヴァーゲン・ノインツィヒ（パン・オーブン車90）」が開発され、1台で毎日2000個のパンを焼くことが可能となる。パン焼き車なのに、なぜかかっこよく響くのがドイツ語の不思議なところだ。

　次に、1914年からはじまる第一次世界大戦でも「パン」は最大の関心事であった。先ほど19世紀には小麦の生産不足が解消されていったと書いたが、人口の増加と、そして人口比に対する小麦生産農家の相対的な減少によって、第一次世界大戦時にはパンがか

戦場でのパン・オーブン車 ※年代不詳（ドイツ連邦文書館：Bild 146-1973-030A-73 / CC-BY-SA 3.0）

なり不足したのが実情であった。

　さらにパンを製造するために、多数のパン職人が兵糧用の製パンのために前線に派遣された。その結果、いわゆる「銃後」の都市ではパン職人が不足する事態が生じる。これはドイツ人の食卓にとっての一大ピンチであり、この問題を解決するために、従来は男性の職とされたパン製造に従事する女性が急増していく。そして大戦末期には、ドイツ初の女性パン・マイスターが公式に認められるようになったのである。

　凶作にみまわれた1917年に、パン小麦生産量は、大戦開始時の40％ほどに落ち込んだ。そこで、パンを求めるデモが起きる。最初は小規模であったがドイツ帝国の各地で発生し勢いを増すことで、結果として帝国の崩壊に結びついていく[23]。

　第一次世界大戦の例でも分かるように、パンは20世紀が到来してもなお、日常生活で中心的な役割を果たし、長い歴史のなかで「食のシンボル」として扱われてきた。アメリカで1910年頃に活発化する女性の権利拡大運動でも「パンとバラ」が、そしてロシア革命をはじめとする共産主義革命でも「パンを！」が、重要なスローガンとなった。またよく知られているように、ヒトラーもパンを大衆動員に利用した。

　ドイツや世界のパンの歴史や文化については、ドナウ河沿いの都市ウルムにあるパン博物館、そしてドイツ中部のエバーゲッツェンにあるヨーロッパ・パン博物館で知ることができる。とくにウルム市のパン文化博物館は「パンに関するあらゆるものを集めてみました」感にあふれている。マニア心をくすぐる博物館のひとつなのでオススメしたい。

マーガリンの宣伝が入った宣伝用の商標切手（右ページも）。当時の植民地主義を反映した差別的な図像も「エキゾチック」だとして用いられた。

✠ マーガリン：人口を支えた人工食品

　パンに塗るものといえば、現在ではバター、ジャム、そしてマーガリンなどが代表的だろう。これらは、味を添えるもの（スプレッド）として用いられているが、パンにバターを塗るのには栄養上の理由もある。つまり、三大栄養素のひとつである脂肪（カロリー）を摂取するためには、バターは必要不可欠だったのである。

　重要な栄養源であるバターは、19世紀にはヨーロッパ全体で人口が急激に増加するとともに、大幅に値上がりした食品として知られている。ウラル以西のイギリスまでを含む範囲のヨーロッパでは、19世紀後半の半世紀だけで、人口が約2億6000万人から4億人に増え、ドイツ帝国内だけでも3500万人から5000万人へと増加した。それにあわせて、バターが不足し値段も高騰した。たとえば、1850年から1870年の20年間だけでも、バターの価格は2倍になったといわれている[24]。

　このバター不足、つまり「カロリー危機」下で、マーガリンの発明は、ヨーロッパあるいはドイツの栄養摂取に革命をもたらした。初期のマーガリンは「人造バター」とも呼ばれ、動物性油脂を利用した食品であった。後に植物性の油脂からも製造されるようになる

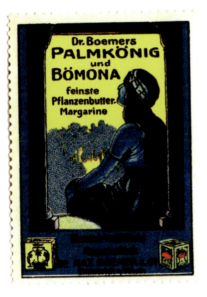 

が、なによりもその価格がバターに比べて安上がりだという点が評価された。

　マーガリン自体は、プロイセン・ドイツと戦ったフランス皇帝ナポレオン３世の命令によって発明されたとされる。ドイツ帝国では 1871 年にドイツ全域でマーガリン製造販売を展開するベネディクト・クラインの会社がケルン近郊に設立され、「人工バター」としてマーガリンを売り出していた[25]。マーガリンは、新食品としていたるところで重宝されたのである。ただし、オランダ人が特許を買収してマーガリン・ユニという会社を設立し、ヨーロッパそして世界中に事業を展開していく。ここにドイツ企業も次々に吸収されていくこととなった。

　さらに、19 世紀のマーガリン産業の勢いは留まるところを知らず、ドイツの農業・酪農業を直撃することとなった。そこで、ドイツ帝国では中小農民の保護を目的として、俗に反マーガリン法と呼ばれる保護関税政策がとられるまでに至る。マーガリンは植物性だが、その勢力争いは動物的で、弱肉強食の様相を呈していたのである。

　1930 年、マーガリン・ユニもまた統合され、現在はクノール（→【クノール】）などの食品から化粧品までを手広く扱う多国籍企業のユニ・リーバ社へと、その系譜はつながっている。このように、マーガリンは世界的企業設立のさきがけであり、19 世紀末のマーガリン産業は近代の食文化史の重要事項なのである。

✠ クッキー「ライプニッツ」：ギザギザ52という普遍数字

今では日本でも目にするライプニッツクッキー。

ドイツでは1873年から1912年にかけて、砂糖の消費量は約3倍に膨れ上がり[26]、人びとが甘いものを入手しやすくなった。皆が甘いもの（砂糖）を欲していたのである。実は、19世紀初頭のナポレオン大陸封鎖による砂糖不足という決して甘くはない歴史が、ドイツ諸国の人びとの記憶には刻まれていた。逆に言えば砂糖はナポレオン支配を打ち倒した象徴であり、その後のドイツ帝国と、その繁栄の象徴でもあったのである[27]。そして、砂糖業界が台頭したのもドイツ帝国の時代だ。たとえば、砂糖の独占販売体制「砂糖カルテル」が、この時代に登場することとなった[28]。

ドイツ北部の都市ハノーファーで、主にイギリスを相手にした砂糖取引商として商いをしていたヘルマン・バールゼンは、英国ビスケット（Cakes and Biscuits）の製法を学び、それをドイツにもたらした人物である。彼が、1891年にハノーファーで発明した「ライプニッツ・クッキー」は、現在もドイツ全土のスーパーでよく見かける人気商品であり、日本の輸入食材店でも購入可能だ。

この品名は、17～18世紀に活躍した哲学者・数学者のゴットフリート・ライプニッツの名前にちなんでいる。ライプニッツは、生まれはザクセン王国だがハノーファー王家と関係の深い学者であり、没地もハノーファーであった。

では、なぜクッキーが数学者の名前なのだろうか？ 実は、19世紀末の商品開発ブームでは、品名にその土地の有名人の名前を付けるのが流行った。たとえば、オーストリアのおみやげとして有名なチョコ菓子「モーツァルト・クーゲル」も、19世紀末に発明された。「ライプニッツ・クッキー」も、このブームに乗っかって名づけられたといえよう。

このバタークッキー、たかがクッキーと思って侮るなかれ。側面には横14、縦10のギザギザ、そして四隅を含めると合計52のギザギザ（歯）がある。ひとつでもこの数が異なると、真のライプニッツ・クッキーとしては認められない。ややどうでもよいこだわりのような気もするが、そこは普遍学としての数学（普遍数学）を構想し、機械式計算機

を発明した数学者ライプニッツの名前を冠したクッキーだから、こういった「数」へのこだわりは半端ではない。なお、このギザギザの数が決まっている真の理由は、類似品と本物を区別するためである。現在でもライプニッツ・クッキーの公式ホームページのタイトル画面には、「本物は52の歯がある」と書かれているこだわりようだ。

また、ライプニッツ・クッキーは、ドイツ語でクッキーを意味する「ケクス」という言葉をドイツに広めた歴史的な菓子でもある。1911年に、バールゼンが英語の「Cakes」をドイツ語風に「Keks」としたのが始まりだといわれている。それが1915年には、有名なドイツ語辞典『ドゥーデン』に掲載されることになる。このように、ライプニッツ・クッキーはドイツ・クッキーの創始者といっても過言ではない。

1898年のライプニッツ・クッキーの宣伝文句は「歩行中に人類が食べるものといったら? もちろん、ライプニッツ・クッキー!」であり、携帯食としてのお手軽さを強調している。これに加えて、その保存性の高さから、第一次世界大戦下では兵士の「戦場への道中」の簡易栄養補給食料となった。本ページの右と次々ページのポストカードにもクッキーを食べる兵士や、クッキーの袋を持って砂浜に立つ兵士が描かれている。実はこれらも、ライプニッツ・クッキーの広告だ。

しかし、第一次世界大戦が泥沼化し長期戦となり物資が不足することで、クッキーの原材料も不足し、クッキー工場も開店休業状態になる。この時代への反省もあってか、その後はクッキーだけではなく、本格

ポストカード。第一次世界大戦中、ライプニッツ・クッキーは兵士たちの重要な栄養源となった。

バールゼン社本社の黄金クッキーとムキムキの運び手像。

ライプニッツクッキーの宣伝記事（1900年頃）

的に兵士用の簡易食糧を製造することで、第二次世界大戦後もバールゼン社は生き残ることができたと言われている。

　現在もハノーファーにあるバールゼン本社には、ほぼ全裸の筋肉ムキムキ男2人が仰々しく、金色のライプニッツ・クッキーを運んでいる像がある。なぜムキムキなのかも気になるところだが、数年前にこの黄金クッキーをめぐってドイツ中を騒がせる事件が発生した。

　これが、2013年の金色クッキー盗難事件である。とりわけ、この犯行声明に注目が集まった。アメリカの子ども向け番組「セサミストリート」の登場キャラクター「クッキー・モンスター」を名乗る人物（？）から、「病院やガン治療センターの子どもたちにクッキーを配布し、ペットセンターに1000ユーロの寄付」の要求が書かれていた。なお、「病院の子どもたちに寄付するのは、ビターチョコ・クッキーはダメ」という注文つきだ。

　この要求に対して、バールゼン社は52の施設に計5万2000袋のクッキーを贈った。これは、前述のライプニッツ・クッキーのギザギザ数「52」にならったものである。ただし、会社側からは、犯人の窃盗行為を容認したわけではないという声明も同時に出された。この警察沙汰となった金のクッキープレートは、後日、ハノーファー大学の馬の彫像にプレートに掲げられ返還されたことで、一応の収束をみせた。ちなみに、ハノーファー大学は正式名称を「ライプニッツ大学」と言う……。さらに返還された日が、2月5日であり、ドイツ語だと「日→月」の順で表記するので、これもまた「5.2」となる。しかし結局、犯人は不明のまま。この不思議な完全

犯罪は、一時期、ハノーファー市の話題をさらったのである。

　また、このバタークッキーはドイツ中に広まり、様々に応用されていく。そのひとつが、カルター・フント（Kalter Hund：冷たい犬）だ。全く食欲がそそられないネーミングだし、ドイツ語で「犬のような味がする wie Hund schmecken」という慣用句は、「不味い」を意味する……。名前の由来には諸説あり特定するのは難しい。一説によると、ドイツ語で鉱山用のトロッコ（手押し車）をそのように呼ぶことに由来するという説がある。これは、このお菓子が黒い四角形であることに着想を得たというものだ。これも全く食欲が湧かないが……。

　さて、この謎菓子「冷たい犬」だが、実は製菓史上の革新的な菓子なのだ。カルター・フントは、いわばクッキーをチョコレートソースに浸して、そのまま冷やして固めた菓子だ。ライプニッツ・クッキーとチョコレートを組み合わせることで、つまり「焼くことなく作る」お菓子としてセンセーションを巻き起こした。今やドイツや日本でも「焼かない菓子」を普通に見かけるが、19世紀には数少なかった。ただ、カルター・フントに入っているライプニッツ・クッキーがすでに「焼き菓子」じゃないかというツッコミはさておき、だ。

ポストカードの各所にしっかりとライプニッツクッキーが描かれている。

✠ ドイツの伝統菓子？　バウムクーヘン：ドイツではそんなに食わへん

1900年頃のバウムクーヘンの広告

　日本で、ドイツの焼き菓子の代表格といえば、バウムクーヘンだろう。バウムクーヘンは、グルグルと鉄棒を回しながらそこに生地をかけて焼く菓子で、そうすることで切り口が年輪のようになってくる。ゆえに「バウム＝木」の「クーヘン＝お菓子」である。一本焼くのに約1時間を要する手間のかかった菓子だ。だが実は、ドイツではあまり食す機会がなく、日本人が世界でもっとも多くバウムクーヘンを消費しているのは間違いない。

　バウムクーヘンの起源は、諸説あるが、いわゆる小麦を用いた焼き菓子ということであれば、古代から存在するメジャーな菓子だといえる。たとえば、トランシルヴァニアの「キュルテーシュカラーチ」や、リトアニアの「シャコティス」、ポーランドの「センカチュ」などと同系統のお菓子だとみられている。

　ドイツ地域では、15世紀頃から食されていた記録が残っているが、菓子製造が産業として発展するのは第二帝国の時代だ。この時期に、現在のドイツ東部でバウムクーヘンも商品化されていった。

　日本のバウムクーヘンは、第二帝国の歴史と密接に結びついている。バウムクーヘンと日本の歴史との交差点は、大日本帝国とドイツ第二帝国が交戦した戦争、つまり第一次世界大戦だ。ドイツの租借地であった青島で捕虜となり、日本に連れてこられた菓子職人が、日本にバウムクーヘンを伝えることとなった（→【青島】）。彼の名を、カール・ユッフハイムという。

　日本でのバウムクーヘン初披露は、1919年のドイツ人捕虜の作品展示会であり、これは広島物産陳列館（現在の原爆ドーム）で開催された。ユッフハイムは最初、1921年（1922年との説も）に現在の横浜中華街のあたりに最初の店「E・ユーハイム」を構える[29]。「E」は、妻のエリーゼから採っている。また、ユッフハイムをユーハイムにしたのは、日本人にとって読みやすさを考慮したためだと思われる。しかし1923年の関東大震災で横浜店は消失し、神戸に移転することになる。

　横浜と同じく異国文化の受け入れ地である神戸でもユッフハイム経営には成功し、好評

ポーランドの「センカチュ」の製造場面。見ようによっては凄まじい菓子だ……。撮影者：Przemysław Wierzbowski CC-BY-SA 3.0

を博す。しかしその後、第二次世界大戦中には洋菓子に対する冷たい風当たりと、原料不足によって経営の一時中断を余儀なくされてしまう。1945 年 8 月 14 日、カール・ユッフハイムは「玉音放送」の前日に帰らぬ人となり、妻のエリーゼも、ナチ協力などを問われドイツに強制送還された。しかし、ユーハイムはすでに神戸での知名度が高かったことから、1948 年にはユーハイムで働いていた菓子職人たちによって、ブランドは復活することとなった。ただし、偽「ユーハイム」が林立し困った状況だったと、ユーハイムの社史は述べている。

なお、ユーハイムが初期に用いたシンボルカラーが「黒・白・赤」であり、これはドイツ第二帝国の国旗カラーと同じであった（ただし、2009 年以降、この三色は使用されなくなったらしい）。

このようにして、日本に伝わったバウムクーヘンは、ユーハイム社を中心に戦後日本で浸透し、とくに昨今のスイーツブームに乗っかって多様なバリエーションのバウムクーヘンが生み出された。たとえば、抹茶味のバウムクーヘンや、神をも知らぬ所業というべき「年輪のないバウム」まで登場している。これには、「すでにバウム（＝木）じゃないよ、それ！」と突っ込まざるをえない。ドイツからすれば、戦後日本がバウムクーヘンについての年輪を重ねてきたこの状況は驚くべきものであろう。

ザルツヴェーデルのバウムクーヘンのモニュメント

バウムクーヘンを焼いているところ。棒に液体の生地をかけていくので、手間がかかる。

ザルツヴェーデル市のバウムクーヘン広告

✠ チョコレート：スポーティなチョコ？ リッター・シュポルト

初期のリッターチョコ（リッター博物館の展示）。

ドイツのスーパーやキオスクで、最もよく見かけるチョコレートのひとつがリッター・シュポルトだろう。ドイツの製品戦略では珍しく、季節限定品やおみやげ用も売られている。お手軽なドイツみやげとして日本人にも好評だし、何種類かは日本の輸入品店でも入手可能だ。

このリッター・シュポルト・チョコレートが発明されたのは、1912年のこと。第二帝国が経済的にも領土的にも繁栄を極めつつあった時期に、前述のお菓子と同様に、人びとのなかに甘いものを愉しむ余裕が生まれていた。そのころ、シュトゥットガルト近くのカンシュタット（現バート・カンシュタット）で、アルフレート・リッターがチョコレートの小店舗を開業した。当時は、リッター・シュポル

正方形にこだわった博物館「リッター博物館」(画像提供:リッター博物館)

トではなく、「アルリカ(Alrika)」という名前になっていた。これは、アルフレット・リッター・カンシュタットの頭文字を取った名称である。

　このアルリカがリッター・シュポルトになったのは、実は第二帝国時代ではなく、ナチ政権が成立する前年の1932年、ヴァイマル共和国時代のことである。名前にシュポルト(Sport:スポーツ)が付されているのは、まさにスポーツ用のチョコレートとして、ジョギングなどの運動のお供チョコとして発明されたからである。ゆえにジャケットのポケットにも入る正方形をリッター・シュポルトは採用し、コンパクトに作られている。しかし、いずれにせよチョコなので、ポケットに長時間入れてスポーツをしたら溶けてしまうのではないかと思うが……。

　現在、シュトゥットガルトの近郊にリッターの博物館がある。四角の巨大な館には、リッターシュポルトの歴史を展示するチョコレート博物館と、美術館がある。美術館には、リッター・チョコレートの創設者の孫であるマルリ・ホッペ＝リッターが集めたコレクションが展示されている。リッター・シュポルトのポイントが「正方形」なので、このリッター博物館も正方形だけをコレクションした博物館である。正方形マニアの方は、ぜひ訪れていただきたい。

✠ ダルマイヤーの商業戦略：黄色で曲がった物、売ってました

　ダルマイヤー（Dallmayr）は、ドイツ最大のコーヒー販売ブランドのひとつである。他にチボー（Tchibo）も有名だが、同社は1949年の設立なので、ここでは1870年に生まれたダルマイヤー（本社はミュンヘン）に絞って説明していきたい。ダルマイヤーは今でも輸入食料品の会社という位置づけであり、コーヒーはその一部門にすぎないが、実際に開業当初も、海外の食料品輸入から始まっている。

　ダルマイヤーが最初に輸入したのは、「真っ黄色の皮に包まれた曲がった形状のもの (ein kummes Gebilde mit knallgelber Schale)」であった。やけに長ったらしい名前だが、これは「バナナ」のことで、19世紀ドイツには、このフルーツをうまく説明する言葉がなかったのである。同社は、他にもグレープフルーツ、アボカドなどを取り扱っていく。これらのエキゾチックさがバイエルンの貴族たちにウケて、ダルマイヤーは1913年にバイエルン王家御用達の食料輸入店となる。その店舗で、輸入食料を単に販売するだけではなく、そこにコーヒーハウスを併設することで、さらに集客しようと試みた[30]。

　ドイツでは、集いの場として酒場が優勢だったが、コーヒーハウスも情報を交換したり、議論を交わしたりする公共の場としての重要な位置を占めつつあった。歴史に「もし」は禁物だが、「もし」ドイツのコーヒーハウス文化がビアホールよりも優っていたなら、ヴァイマル期ドイツを騒がせたヒトラーの酒場での演説や、酒場からはじまった1923年のヒトラー一揆なども、「アルコール抜き」で少し冷静な展開を迎えていたのかもしれない（→【ビール】）。

ミュンヘンのダルマイヤー本店

ベトヒャー通りの入り口

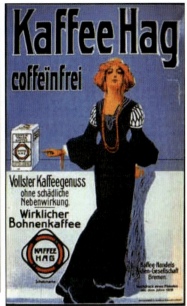
1908年頃のハーグ・コーヒーの広告

✠ コーヒー商と芸術運動：コーヒーから立ちのぼる「褐色」の香り

　コーヒー商の名残は、前述のダルマイヤーの本拠地ミュンヘン以外のドイツ各地にも残されている。とくに有名な場所をひとつ紹介しておきたい。音楽隊で有名なブレーメン市の中心街にあるベトヒャー通りだ。ハンザ都市ブレーメンは、19世紀に海運交易でさらなる発展を遂げた。その流れに乗り、コーヒー輸入で財をなしたのが、ルートヴィヒ・ロゼリウスである。ロゼリウスはブレーメンのほかの有力な企業家とともに、ノンカフェインのコーヒー商品を扱うハーグ（HAG）という会社を設立する。

　19世紀末から、工作芸術の運動や表現主義芸術が盛んになってくる。工芸家・美術家・建築家として活躍したベルンハルト・ヘトガーやパウラ・モーダーゾーン・ベッカーがいる。ロゼリウスは、その財を用いて彼らを支援し、ブレーメンの芸術振興の有力なパトロンとなった。現在も、ブレーメンのベトヒャー通りにはロゼリウスのコレクションや彼が援助した芸術家の作品を展示する美術館が存在している。

　コーヒーと芸術の香り漂う人気の観光スポットであるベトヒャー通りだが、実は設計に

理想郷アトランティズを象徴する建築「アトランティス・ハウス」(ベトガー設計、1931年) の内部。撮影：Maik, CC-BY-2.0: http://www.flickr.com/photos/geist-ist-geil/11017837546/

関わった芸術家ベトガーと、そのパトロンであるロゼリウスは、「民族主義的な思想（フェルキッシュ、völkisch）」を持ち、1933年頃にはナチへのシンパシーを抱くようになる。実は、「フォルク（Volk）」のもつ神秘主義的な側面は芸術運動とも多分に結びついてきた歴史がある。

ナチ時代、ロゼリウスはベトヒャー通りを「ナチ様式」に整備していく。たとえば、入り口の「聖ミカエルのドラゴン退治」のレリーフは、「暗黒世界に対する総統（フューラー）の勝利」という設定とした[31]。しかし、こうしたナチへのすり寄りにもかかわらず、1936年に総統ヒトラーはベトヒャー通りを「退廃芸術」だとして拒絶する。なぜなら、ヴォルスヴェーデの芸術家の多くが共産主義的であったり、そしてヒトラー自身が、ナチズム的世界観と神話世界とは結びつかないと考えていたからである[32]。資産家ロゼリウスはナチ党員としてとどまったが、芸術家ベトガーは党から追放され、1943年にスイスに亡命し、そこで生涯を終えることとなった。

ナチ時代には、このように民族主義者を自称していても、それを否定された人物もいた。ベトヒャー通りには、ナチに近づき、コーヒーの色のように「褐色」に染まろうと試みて拒絶された芸術家の、なんともいえない不思議な香りが漂っているのである。

芸術家村ヴォルプスヴェーデにあるヘトガーの作品「ニーダーザクセン石」(1922年)。第一次世界大戦の慰霊碑(写真提供:山中麻未)

✠ ビール帝国ドイツ：冷製と醸造のあいだ

1900年頃の誕生日のお祝いカード。チューブでビール樽をがぶ飲み

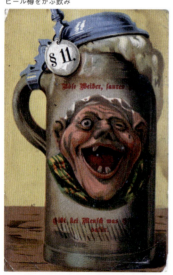

ビールは、18世紀に至るまで日常的に「食糧」として摂取されていた。たとえば、朝食に出された「ビール・スープ」なるものがある。熱したビールと卵を混ぜて、バターを入れ、さらにそこに少量の冷たいビールを入れて攪拌し、それをパンの上にかけたものだ[33]。19世紀に至っても、ビールを自家醸造している農村部では食されていた。

19世紀末のとくに都市部ではビールが「嗜好品」として飲まれるようになった。現在ドイツで販売されているビール瓶のラベルをみると、19世紀後半の創業と記されているものが多い。第二帝国時代には、企業によるビール醸造ブームが起きた。それまでは、先述のようにビールを自家醸造する農家が大半を占めていた。では、なぜ醸造会社の創設ブームが起きたのだろうか。

ビール消費量は1850年から1900年までの間に、ひとり当たり約三倍に増えた[34]。この背景には、穀物生産量の劇的な増大が関連している。たとえばエルベ川東部では、1811年から1890年までに農場面積が60％以上も増加した[35]。そして、ひとり当たりの穀物消費量は、1878年〜1903年が最大値であり、これは現代のドイツにおける穀物消費量を上回る数値だった。ドイツ帝国には「穀物の時代」が、19世紀末には到来していた。これらの穀物が科学の力と交差することで、ドイツの近代ビールがはじまったのである。

フランスとの戦争の勝利によって統一へと至ったドイツ帝国では、1873年にビール醸造方法をめぐる革命が起きる。蒸気機

20世紀初頭、女性の社会進出も一部では進み、女性もビールを楽しむように。

関を利用した醸造機と冷蔵装置の発明である。このビール醸造に訪れた工業化革命は、季節に左右されないビール製造を可能にした。しかし、この革命は、ビールを自家醸造していた小規模な醸造元を廃業に追いやる危険性を秘めていた。そこで各ビール醸造所は、一種の合資企業体を形成することで生き残りをかけようとする。小さな醸造所が合併し巨大産業化したビール企業の数は、20世紀初めで、すでに425にのぼり、その売上は10億マルクに達していた[36]。ビールの泡のごときバブリーな状況が生まれたのである。

しかし、現在のドイツのスーパーでも都市の地ビールをよく見かけるように、すべてが全ドイツ規模の巨大資本に呑み込まれてしまったわけではない。とくに、16世紀以降にビールの工業化が徐々に進行していたドイツ南部のバイエルン地方では、小規模な醸造所も多数生き残り[37]、今でも各地でご当地の味を愉しむことができる。

ほかにも、ガラス瓶の導入で瓶詰め技術は飛躍的に進歩した。この技術革新も、ビール界に多大な影響を与えた。これによって、現在で目にするような商標を刻印したビール瓶、さらにビールの栓も開発されていく。ビール瓶は1リットル、500ミリリットルの二種類が作られ、それに適したケースによって効率よく、大量に輸出された。これは、居酒屋だけではなく家庭にもビールが普及するきっかけとなり、またミュンヘン・ビールなどを世界に知らしめることとなったのである。ビールをめぐる発明は他にもある。今では日本でもビールを注文すれば、ビアジョッキの滴露によって机が濡れたりジョッキが滑ったりしないように、吸水性のコースターが出されることが多い。実はこのビア・コースターも、1893年にザクセン王国で生み出されたドイツ帝国時代の発明品である[38]。

このビール瓶と栓、そしてビア・コースターによって、ビールの「醸造ブーム」は可視

化され、広告された。ビールはドイツ・コマーシャリズムの草創期の代表格であり、ここにもドイツ社会がビールを重視する理由のひとつを垣間見ることができるだろう。

19世紀末のビールブームによって、ドイツにはさらに多くの居酒屋が出現し、そこでの議論や人のつながりが、新たな「輿論」を生み出し、また新たな労働者文化を生むきっかけともなったと考えられよう。居酒屋は労働者の社交の場であり、当時の三大協会運動である「体操・合唱・射撃」の三協会の練習場・集会場でもあった。これらの協会活動は、ドイツの政治状況を左右するほどの影響力を持ったのである。

ビアジョッキの中の金色の少年。1907年に考案されたマスコット。しかし、お子様がビールに浸かっていて大丈夫なのか……。ベルリナー・キンドルは1872年に開業。

ビールは、このようにドイツ人の日常生活・社会生活と密接に関わっていった。たとえばビール価格が値上げされたりすれば、民衆はたびたび蜂起行動にまでいたった。とくに、「ビール原料の値上がり分は消費者が負担することとする」という1910年の政府発表は、いわゆる「ビール戦争」という事態を呼び、蜂起者は軍隊によって厳しく取り締まられることとなった[39]。

さらに、このビールブームはドイツ帝国全体を酔わせ、ビール帝国主義の野望をかきたてる。つまり、ビールやその技術輸出によって海外で儲けようとする野心が生まれたのである。これによって生み出されたビールが、ドイツの租借地であった山東省の「青島ビール」だ（→【青島】）。また、ドイツ関連の協会もその前身はドイツ・ビール協会だった。このように、ビールは文化の創造酒でもあったのだ。

右ページのポストカードで宣伝されているミュンヘン・ホーフブロイハウスは、1920年に、アドルフ・ヒトラーが国民社会主義ドイツ労働者党（いわゆるナチ

ベルリンのシュルトハイス・ビールのポスター。ビール・ウェイトレス。

党）の綱領を宣言した場所でもある。

ほかに、ミュンヘンのビュルガー・ブロイケラーは、1885年にオープンした巨大なビアホールだった。その後、1923年11月8日に、ここでヒトラーはクーデターを起こすことになる。これはミュンヘン一揆、ヒトラー一揆あるいはビアホール一揆とも呼ばれる。なお、ビュルガー・ブロイケラーは現存していない。

だが、ヒトラーは酒類を好まず、ナチ時代にはアルコールを控えるキャンペーンも実施された。ナチ第三帝国は「健康帝国」でもあったのだ。つまり、ビアホールで活動を盛り上げた政党は、その後にアンチ・アルコールの立場を示したのである。しかし、ナチ時代の多くの人びとはアルコールなど無くても、自らの世界観に酔っていたわけだが……。

ミュンヘンのシンボル、ミュンヒナー・キンドル（ミュンヘンっ子）。子供なのに、ホーフブロイ・ビールの樽にビアジョッキ片手……。

✠ オクトーバーフェスト：王家よりもビールが好き？

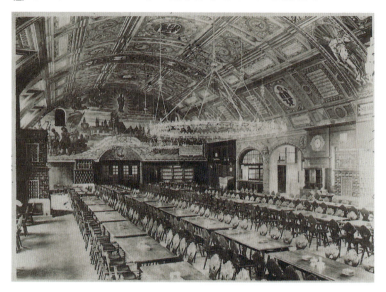

　今や日本でも数多く開催され、さらには 10 月（オクトーバー）とは関係なく拡大している「オクトーバーフェスト」は、1810 年にバイエルンの王家ヴィッテルスバッハ家のルートヴィヒ 1 世の成婚を祝う目的ではじめられたとされる。実は、ビール「だけ」の祭りではなく、古代ギリシア好きのルートヴィヒ 1 世には、オリンピックのような競技を含めた祝祭をおこなう意図があった（→下巻【記念碑】）。その後、とくに第二帝国の時代にはミュンヘン市民そしてバイエルン王国民の「ビール祭り」、いわば「ハレ」の場に変容していく。皮肉なことにこのルートヴィヒ 1 世は、1844 年のパンおよびビール価格の引き上げをきっかけとした民衆騒擾（ビール革命）を原因のひとつとして退位することとなってしまう。もちろん、ルートヴィヒ 1 世が退位しても、オクトーバーフェストだけは引き続き開催されていくのである。

　このように、ミュンヘンのオクトーバーフェストは成婚式がきっかけとなっているが、収穫祭としての「オクトーバーフェスト」はそれ以前から各地で行われていた。ただし、ミュンヘン市の場合は大規模化した第一回目が成婚式だったということもあり、当初からスペクタル的な要素をもっていた。サーカスのような見せ物から、移動式の観覧車が置かれ、競馬なども開催された。たとえば、1880 年代後半にオクトーバーフェストを訪問した森鷗外は、『独逸日記』で「競馬、自転車の競争等あり。その他雑伎を奏し、奇獣を視るなど、往時神田の防火地の景況とほとんど相同じ。甚だしきは人魚と名づけ裸婦人を

「飲み過ぎ注意」運動のポストカード。20世紀初頭、ドイツでも禁酒運動が展開された。

1910年のオクトーバーフェスト100周年記念のビアマグ（ビール・オクトーバーフェスト博物館所蔵）

見るに至る」と書くように、その宴の様子を語っている。

　第二帝国時代の1910年に、このオクトーバーフェストは100周年を迎えることになる。100年でバイエルン王国は、ややオーストリア・ハプスブルク寄りの政策から、プロイセン主導のドイツ第二帝国に組み入れられるという大転換を迎えたが、民衆の祭りとしてのオクトーバーフェストだけはずっと続いていき、観光化されたとは言われながらも、現在もなお、季節の祭りとして機能しているのである。

　このオクトーバーフェストが100周年をむかえた3年後の1913年、ある男がミュンヘンへと足を踏み入れ、その街並みと文化にいたく感動するのである。それが、アドルフ・ヒトラーだった。彼自身はビールを好まなかったが、オクトーバーフェストの重要性は認識していた。政権獲得後には、ビールの値段を下げたりすることで、ミュンヘンをはじめとするバイエルン人の人気取りをし、お祭りを政治的に利用したのである。政治のことを「まつりごと」というが、まさに「まつり」を実践したのがヒトラーだった。

　現在、ミュンヘンには「ビール・オクトーバーフェスト博物館」があり、ビール醸造やオクトーバーフェストの歴史を知ることができる。また、さすが本場のビール博物館で、博物館内にビール居酒屋もくっついている（というか、居酒屋に博物館が付属しているというべきか）。

✠ 日本とドイツ・ビール：日本の麦酒、麦誕

　日本の「ビール」イメージを担う最もメジャーな国は、ドイツだということは確かだ。しかし、「ドイツといえば、ビールとソーセージ」というイメージは、明治初期の日本にはなかった。むしろ、ビールといえばイギリスだった。まずは、明治初期にイギリスのエール・ビールが日本に輸入されて飲まれるようになったからだ。そして、最初の日本人によるビール醸造の試みもイギリス式ビールであった。しかし、このビールは当時の日本人には苦すぎた。また、日本の気候条件では発酵が安定しなかったために、最初の日本ビールの試みは頓挫してしまう。

　その失敗経験を活かし、日本のビールを軌道に乗せたのは、ベルリンでドイツビール（ラガービール）の修行をした中川清兵衛（なかがわせいべえ）とドイツ駐在代理公使でドイツ贔屓として知られる青木周蔵であった。青木は、ドイツ・ビールと日本の北海道開拓事業において麦生産との連携をはかるため、北海道開拓使長官・黒田清隆に中川を推薦し、官営国産ビールの醸造にあたらせた。また、ラガービールは下面発酵であり、北海道の寒冷な気候が適していた点も重要である。さらにその輸送に関しても、ビール瓶を氷に詰めて東京などに販売したので、「冷製ビール」と呼ばれた(40)。日本の「冷えたビール」は、そもそも「冷やさなきゃ飲めない」から来ている面もあったのである。また、このビールは別名「日耳曼ビール」（げるまん）とも呼ばれた。

　ただし、冷製ビールの保存方法と雑菌繁殖の問題が発生し、当初は厳しい状態が続き、赤字経営となってしまった。1886年に、開拓使麦酒醸造所は払い下げられ、その翌年に渋沢栄一が設立した札幌麦酒会社に転売されることになる。ここに「サッポロビール」というブランドが生まれる。

　その後、ドイツ人醸造技師マックス・ポールマンらを招致し、ドイツ製の冷凍機、低温殺菌法、酵母の純粋培養法の導入によって保存温度の問題は解消され、ビール事業は軌道に乗り、日本のビールはドイツ由来のラガービールが中心となっていく。

　また、この時期にドイツに留学しプロイセン陸軍の「軍隊らしさ」に傾倒するようになった人物が、乃木希典である。1912年の明治天皇の死ののちに、自らも切腹したことで「軍人の誉れ」とされ、東京にある「乃木坂」の由来となった軍人だ。

　乃木希典が、ドイツに留学するきっかけになったのは「戦争」であった。日本の軍隊、とく幕府軍などはフランス兵式を模範としていたとされているが、1871年（明治3年）に普仏戦争でプロイセン（ドイツ）がフランスを打ち負かしたために、ドイツ式をより重視する意見が有力となっていった。1885年にはドイツからヤーコプ・メッケルを陸軍学校教官として招聘し陸軍の近代化を進め、ドイツ軍制の「師団制」を日本に取り入れたりもした。その師団制導入の時期に、ベルリンに渡っていたのが乃木少将（当時）であった(41)。

　乃木は、1年あまりの留学期間中に質素倹約・質実剛健のドイツに感動し、いわゆる「ド

ヴァイマル時代 1923 年のミュンヘン・ビュルガーブロイケラーでのナチ党の集会（連邦文書館：Bild 146-1978-004-12A / CC-BY-SA 3.0）

イツ好き」となった。彼は、留学からの帰国後にプロイセン軍人のように寝る時以外は軍服を脱がずに過ごしたといわれている（→下巻【軍服】）。ただし、プロイセン軍人も切腹まではしなかったのだけれども……。

　話をビールに戻そう。乃木とビールの関係は、今なお日本社会に影響に及ぼしている。乃木は、プロイセン陸軍の「伝統的儀式」であるビールの「一気飲み」までをも模倣してしまった。これはいわば日本における「ビール一気飲み」のはじまりだといってもよいだろう。ただし、酵素の働きの関係からドイツ人はほぼ100％アルコールを分解できるが、日本人の約一割がそれをできないので「一気飲み」は極めて危険な行為だったわけだが……。

　他にも、乃木とも親交のあった森鷗外（森林太郎）は、ベルリンでビールを飲んで「ビール飲用後の利尿作用」についての論文を執筆している。1885年の「独逸日記」には、ドイツ人の無茶飲みぶりに引いたということを綴っている。たとえば、500mlのジョッキで25杯を飲み干したらしい。これに対し、森林太郎は3杯でギブアップし、周りから笑われたという……。ここにも「ビールを飲むこと」とドイツ性が重ねられ、「ビールを飲むこと＝すごい」のようなイメージが作られてしまった嚆矢を見ることができるのである。このようにドイツを訪れた明治のエリートは、ビールをプロイセンの国力に重ねあわせて、その魅力の虜になっていたのである。

『新・簡単で美味しい料理のための料理本』(1900年頃)

✠ クノール：即席力は即戦力

　クノールといえば、インスタントスープの製造会社として知られている。とくに1980年代のコーンポタージュ・ブームによって、日本でも一気にその名を広めたといわれる。クノールは現在、日本では味の素グループがライセンス生産しており、たとえば「沖縄産もずくスープ」という乾燥スープなども製造し、新境地を開拓している。

このクノールは、スイスの行商人カール・ハインリヒ・テオドーア・クノールが、ヴュルテンベルク王国の都市ハイルブロンで知り合った女性と結婚し、その地に1838年に開いた商店を発祥とする企業である。この商店は、植民地からの輸入品や地元の農産物などをヨーロッパ全体に売りこみ、たとえばハンガリー方面にチコリの代用コーヒーを販売していた。

　1875年、初代クノールは、ハイルブロンにある工場の経営を息子二人に譲渡する。その息子のひとりがカール・ハインリヒ・エドゥアルト・クノールである。彼は、父の遺志を継ぎ、世界中に商品を届けるために輸送しやすい保存食品や乾燥食品のエキスパートとなった。オートミール、ドライフルーツ、そして乾燥野菜などの商品製造で成功を収めた。1897年には、7万食のスープを提供できる、1立方メートル大の巨大な乾燥野菜を展示して話題を集めた[42]。

　また、乾燥食は、当時の軍用保存食としても重宝された。時代が前後するが、たとえば、1870～1871年の普仏戦争ですでに重要な役割を果たしていた。その中でも、1867年にベルリンのコックであったグリューネベルクが開発したインスタント豆スープは、プロイセン政府が巨額の資金を出し特許を買い取った軍用保存食である。グリューネベルクの工場は普仏戦争中に1700人の従業員を抱え、一日に65トンのインスタントスープを製造し、戦地に送り出していた。

　19世紀末に一種の保存食ブームが訪れると、クノールでも、スープ素材を研究・改良するための実験農園を作り、そこで乾燥スープの研究もおこなった。グリューネベルクのインスタント豆スープを製品化したのが、大ヒット商品「ソーセージ型インスタント豆スープ」である。特にその独特な形状から人気を集めた。「ドイツ人、ソーセージを好きすぎだろ！」というツッコミはさておき、この商品が現在のクノールの地位を確たるものにしたといえる。

　クノールのインスタントスープは北極探検隊の栄養食としても利用され、その名をさらに世界中に広めた。その後、クノールはスイス、イギリス、フランス、オーストリアなどで工場を経営し、国際企業としての地歩を固めていく。

　次なる変化は、1914年に勃発する世界大戦によってもたらされた。この戦争で、ヨーロッパ各地の工場は敵国工場として接収されてしまう。だが普仏戦争と同様に、戦時下では戦地食料としてのインスタント食品の需要が高まることとなる。クノールも商魂たくましく、ドイツ国内の工場で第一次世界大戦の将軍の名をつけた「ヒンデンブルク・スープ」や「ルーデンドルフ・スープ」などの商品を開発し、それらを戦地へ売り込むことで戦時経済のなかでも生き残っていった。世界戦争はインスタント食品戦争でもあったのである。

撮影：Rainer Zenz（CC-BY-SA 3.0）

✠ 帝政期の料理：やはりジャガイモ……

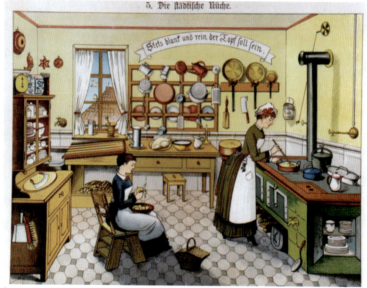

『若者のための視覚教育 Anschauungsunterricht für die Jugend』（1900年頃）より

　ドイツ帝国時代の料理は、どのようなものだったのだろうか。後に社会民主党の政治家として活躍するパウル・レーベ（1875～1967年）は、ドイツ帝政期にすごしたシュレジェン地方リークニッツ（現ポーランドのレグニツァ）での少年時代を振り返った回想記で、「生活がいくら苦しかったとはいえ、この平穏な日々、私たちが本当の飢えというものを味わうことは全くなかった」と書いている[43]。つまり、貧困は一般市民の生活をつねに苦しめてはいたが、飢えがほぼ克服された状況が分かる。また、レーベは、当時のジャガイモ事情についても書き残している。

　昼食に一番多く出たのはジャガイモ、それもありとあらゆる調理法で形を変えてでてきたので、私たちはこんな詩をよく口にしたものだ。
　朝にジャガイモ
　スープの中にジャガイモ
　皮のついたジャガイモ
　いつもいつもジャガイモ

絵画「王はあらゆる場所に」(1886年)

　このように、今や「ドイツ」といえば名前の出てくる根菜「ジャガイモ」は、第二帝国時代の食生活を支える重要な食品であったことが分かる。そして手をかえ品をかえて、様々なジャガイモ料理が出てくるというのもすさまじい。ただし、アメリカ大陸を原産とするジャガイモがドイツで普及したのは、地域差はあるものの17世紀から19世紀にかけてだったし、最初はその形や毒性などからすんなりと受け入れられたわけではなかった。

　上掲のフリードリヒ大王が農民にジャガイモ栽培を勧めている絵画「王はあらゆる場所に」は、リアリズム絵画で知られるロベルト・ミュラーが1886年に描いた作品だ。フリードリヒ大王は18世紀の人物だが、統一ドイツの象徴として、そして「ドイツ人の王」として顕彰された。この絵画も、農村にまでもジャガイモを伝える啓蒙の王を象徴化した作品である。こうして、「ドイツ＝フリードリヒ大王」が強調されると同時に、「ドイツ食＝ジャガイモ」も強調された。

　ジャガイモ以外には、アワ、麦、エンドウ、インゲン豆もあり、食費が底をつくと、黒ソーセージ、レバーソーセージ、酢漬キャベツ、さらにもっと乏しくなるとニシンを食べたらしい。これらは、現在もドイツ各地で安価で食することができる。もちろん、いずれも帝政期に発明された食事ではないが、19世紀末という貧しさと社会の発展の狭間のなかに、鮮明に刻まれた食の記憶であり、戦後ドイツへの記憶の継続性を感じとることができる。

✠ 台所と戦場キッチン：第二帝コック

1910年のおもちゃのキッチン。玩具だが、当時の状況がよく分かる。

　今や、日本やドイツのどの家庭でも見られる「台所」という場は、実は近代に発明されたものだ。中近世においては台所（特にかまど）を持つことは一部の層に限られており、火災の原因になることから「かまど税」が課せられ、管理統制されていた。

　19世紀、台所設備は劇的に変化していく。とくに、19世紀末に発展したガス・レンジの導入は従来の木炭などの燃材を不要としたので、台所の無煙化を押しすすめた。また、電気レンジは、1859年にアメリカ合衆国で特許が認められていたが、ドイツで普及するのは第二次世界大戦後であった。

　このように台所設備が発展してくると、女性の「仕事場」としての台所もまた「発明」された。たとえば、女性の活動範囲は、教会（Kirche）、子ども（Kinder）、そして台所（Küche）の3Kとされた。そして、台所に女性を押しやるという、新たな「女性差別」も出現してくる。たとえば、ニーチェ『善悪の彼岸　未来の哲学の序曲』内の次の言葉にもあらわれている。

　台所における女の間抜けぶりはどうだ！（略）調理場における理性の完全な欠如のために、人類の発展はきわめて永いあいだにわたって阻まれ、もっともひどく害されてきた。

　現代からすれば、ニーチェの『善悪の彼岸』ならぬ、完全にひがんだセリフにしか聞こえない。ただし、ニーチェをフォローしておくと、彼は台所を蔑視したわけではなく、調

野戦炊事場。兵士たちがじゃがいもの皮をむいている。

理にもっと頭を使うようにすれば人類は発展すると予言したかったのであり、台所を人類の変革の起点としていたのである[44]。超人を期待したニーチェは、こんなところにも超人を見出していたのである。ここまで壮大な話でなくとも、家族のカタチが急激に変化する第二帝国時代には、この「台所」も社会変革の場となりうると考えられた。

「台所」という場所が各家庭で一般化したのは、第二帝国の時代だが、そうすることでキッチンの形態も発展してきた。さらに、時代は国家の人的・物的資源を総動員する総力戦の時代に突入していた。それが本格化するのが、第一次世界大戦である。兵士への食料を補給するために、戦場キッチンのシステムが発明された（→【パン】）。

1892年には移動式のキッチン「グラーシュ・キャノン」が開発された。グラーシュは、

ガス式のキッチン台（年代不詳）

肉を煮込んだシチューのようなスープの名称である。食料の供給、それ自体もまた、「キャノン」と称されるように武器であったのだ。

✠ 魔法瓶：魔法と神の世界

ヴァインホルトの真空容器のスケッチ（1881年）

現在の日本では、小型の魔法瓶を携帯することがすっかり浸透している。なかでもしばしば見られるのが、サーモス社製の魔法瓶だ。1989年に日本酸素株式会社が世界のサーモス各社を買収し、さらに2001年に家庭用品事業を分社化してサーモス株式会社を設立して以来、すっかり日本の企業として定着した感のある同社であるが、その起源は1904年にベルリンで設立されたテルモス社にまで遡ることができる。

魔法瓶の原理が考案されたのも、第二帝国時代のドイツ人の手によってであった。1881年、ドイツの物理学者アドルフ・フェルディナント・ヴァインホルトが、壁間の空気を抜いた二重壁のガラス瓶を案出する。それより11年後の1892年、今度はイギリスの化学者・物理学者であったジェイムズ・デュワーが、ヴァインホルトの発想をもとに二重ガラス製の真空ボトルを発明する。この「デュワー瓶」が魔法瓶の直接の原型であるが、これを商品化にまでこぎつけたのはドイツ人ガラス職人ラインホルト・ブルガーであった。商標となった「THERMOS（テルモス）」は、ギリシャ語で「暑熱・夏」を意味する。

他にも、ドイツには1909年に設立され、現存する魔法瓶メーカーとしてヘリオス社がある。同社の名は、ギリシャ神話の太陽神に由来する。ギリシャ語の「テルモス」に対して、ギリシャ神ヘリオスを持ちだしてくるところが、なんともいえない。

これに対して、日本の魔法瓶メーカーは

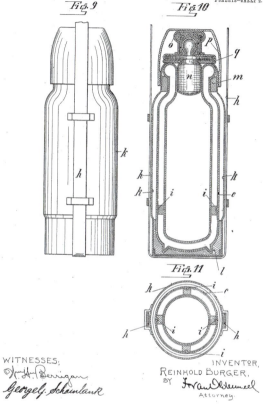

タイガーや象印など、密林に住む動物が多い。その理由は以下のとおりである。1908年に日本にはじめて魔法瓶が入ってくる。それもドイツ・テルモス社製のものであった。その後に、第一次世界大戦が勃発し、ドイツおよび欧州での魔法瓶の製造がストップすると、日本への注文が殺到した。これは、いわゆる日本の第一次世界大戦期のバブル、つまり戦争特需のひとつだといえる。たとえば1920年には、大阪府の重要輸出産業に指定されるほどに魔法瓶の輸出量が増加していたという。このときに、魔法瓶を主に東南アジアに輸出していたため、虎や象などの動物が商標に多いということらしい[45]。

ヴェックの広告商標

✠ ヴェック：ビン詰め保存の目覚め

　今では、ジャムなどの保存に欠かせない「ビン」。煮詰めた野菜や果物をビンに入れ、ゴム製のバンドでふたを閉めると、食物が長期保存できる。この原理を発見したのは、ドイツ・ゲルゼンキルヒェンの化学者ルドルフ・レンペル（1859～93年）であった。レンペルはまずミルクを1時間ほど煮立て滅菌した。次に、その容器の上部をゴム製バンドで覆って蓋をした。そして置くこと一ヶ月以上……。そのミルクをコーヒーと一緒に、お客さんたちに出したという。当時、32才のレンペルだが、さすがにお客を実験台するのはまずいと思う。しかし、ミルクは滅菌され、ゴムバンドによる密封と真空化によって保存されていたのである。もちろん、良い子はマネをしてはいけない。とくにミルクを使っては。その後、レンペルは妻の協力のもとで家庭菜園の果物や野菜などを煮て、同様の実験を繰り返した。彼は1892年に特許を取得するが、翌年に死没。この特許に目を付けて商品を開発した人物が、ヨハン・カール・ヴェックとゲオルク・ファン・アイクである。

　現在、ドイツの保存ビンとして有名で、日本でも売られているヴェック（Weck）は、ここにはじまる。ただし、ヨハン・ヴェックは自分の名前を冠する会社を1902年には手放し、それ以降の製品開発と販売はファン・アイクが行っていく。彼が現在でもヴェックのロゴになっているイチゴ・マークを発明することになる。さらには、有名なドイツ

今では日本でも入手できるヴェックの保存ビン。現在でもイチゴのマークが付いている。左はヴェックの広告（1910年頃と推定）。

語辞書『ドゥーデン』の1907年版にはすでに「食料をビン詰めにする」という単語が、einwecken（原義はヴェックのビンにつめるという意味）として登場している(46)。ちなみに、weck(en)だけだと「目を覚まさせる、起こす」という意味になる。

　保存用ビン「ヴェック」の登場は、まさに台所に大きな「目覚め」をもたらした。冷蔵庫が一般家庭に本格的に普及するのは第二次世界大戦後なので、それまでの食料の保存性を一気に高めたのである。たとえば、中下層の人びとの日常生活で不足しがちだったバターの代わりに、梅ジャムやリンゴジャムなどをパンに塗ったという（→【マーガリン】）(47)。このように、ヴェックはジャム以外にも煮込んだ料理の保存時間を「目覚ましく」向上させることで、ドイツの食文化を劇的に変容させたのである。

　しかし、ヴェック社の保存への欲望は飽くことを知らず、今でもエフリンゲンにあるヴェック博物館には、1897年に瓶づめ（einwecken）した瓶が保管され、さらには後の1913年には、なぜかライオンの肉も保存して、現在も残しているらしい。

　ベルリン新聞（2005年9月）によると、とあるアンケートでは女性の38％がジャムや肉などを瓶づめで保存しているという回答結果になったという。「もしものとき」の保存という観念もまた、ヴェックによって支えられているのである。

⚜ サッカー：遅れてきた「サッカー革命」

1900年頃のサッカーを描いた絵。ボールは茶色で、シューズの裏にスパイクはない。

　イギリスで発明されたサッカーは、パブリックスクールの生徒たちが休み時間に学校の外へブラブラと出かけないための学内余暇として生み出されたものであった。それが今や校内を飛びだし、国際的スポーツの代表格である。

　現在のドイツは世界有数のサッカー大国と知られ、数あるドイツの「国民スポーツ」の中で最も人気がある。2014年には、サッカー・ワールドカップで4回目の優勝を遂げた。現在は、「ブンデスリーガ」を頂点に、2005年時点で各地にアマチュアチームを含めて17万のチームが「ドイツサッカー協会」に登録し、会員数はおよそ590万人に上る[48]。また、戦後日本のサッカーも、ドイツからの指導者によってプレーが発達していったという経緯もある。

　ドイツ帝国初のサッカークラブチームは、1887年にハンブルクで結成されたSCゲルマニアであり、現在のハンブルガーSVの前身に当たる。次にベルリンで「BFCゲルマニア1888」が設立されている。現在のドイツからは想像しにくいが、1888年から1909年頃までは、ハンブルクやベルリンがドイツ・サッカーの中心地であった[49]。そして、第二帝国期に結成されたサッカーチームは、現在も一部リーグであるブンデスリーガで活躍するチームが多く、たとえば2017年4月時点では、ハンブルガーSVを含むブンデスリーガ18チーム中14チームが、第二帝国期に設立されたチームなのだ。たとえば、ボルシア・ドルトムントやボルシア・メンヒェングラートバッハの「ボルシア」は、「プロイセン」のラテン語名だし、TSGホッフェンハイムのTは「Turn＝体操」で、第二帝国期の体操協会を母体にしている。

　ここでひょっとすると、先述の1887年のSCゲルマニアの部分を読んでドイツサッカーファンであれば、たとえばミュンヘンの「TSVミュンヘン1860」の方が「1860年」が冠されているのでより古いと思った方がいるかもしれない。しかし、このTSVもまたトゥルネン（体操協会）を前身としており、サッカーをはじめたのは後だった。このように、ドイツのサッカー協会は体操を母体としていることがある。日本と比べてみても、

これはドイツのサッカー文化の特徴だといえるだろう。

サッカーはイギリスからドイツにやってきたスポーツであることは確かだが、その伝来には諸説あり、1874年のブラウンシュヴァイク市にもたらされたという説やルール工業地帯の労働者に最初に伝わったという説などがある。これらの諸説は、サッカーの発明と発展が他のスポーツと比べても特殊な点にある。それは、先に書いたようにサッカーはイギリスの学校発祥であり、いわばエリートのスポーツであった。しかし、その後、労働者のスポーツとしても平行して発展していったという点だ。おそらくドイツ伝来の二説ともに間違ってはいないだろうし、付け加えるならば19世紀にドイツ各地を訪れたイギリス人観光客も伝えていたという事実も無視できない。なお、ブラウンシュヴァイクの学校にもたらされたという説は、日本でも2012年に上映された映画『コッホ先生と僕らの革命』のテーマになっている。

映画『とてつもなく大きな夢』(邦題:『コッホ先生と僕らの革命』)

『コッホ先生と僕らの革命』に映しだされているように、ドイツ帝国ではサッカーが最初から快く受け入れられたわけではなかった。当初は、国家の列強ひしめくなかで、牽制しあっていたイギリスからもたらされたスポーツゆえに、サッカーは「よきドイツの伝統」を破壊する危険があるとみなされた。たとえば、バイエルン王国では1913年までは、サッカーが軍隊や学校内では禁止されていた[50]。釜崎太「ドイツ第二帝政期におけるFussballの誕生――教養市民コンラート・コッホの理想と現実――」を参照し、ドイツ第二帝国のサッカー批判者として知られるカール・プランクの書籍からの引用をしておこう。

カール・プランク『無作法な足癖 ――潰れたボールとイギリスの病一』(1898年)の表紙

1910年頃のベルリンのサッカーチーム（連邦文書館：Bild 146-2007-0131 / CC-BY-SA-3.0)

　強く蹴ったり、弱く蹴ったり、高く蹴ったり、遠くに蹴ったり、とにかく最大の力で目的の場所に足で蹴り込み勝利を得ること、それが最も重要なのである。しかし、足で蹴ることは世界中で何を意味しているのか。人間は大切なものは手で扱うのだから、足で蹴り潰されるボールに価値はない。足で蹴ることは、唾棄、無価値、軽蔑、不快、嫌悪の証なのである。

　「人間は大切なものは手で扱うのだから、足で蹴り潰されるボールに価値はない」という部分など、すさまじい論理展開とサッカー非難だ……。しかし、当時の価値観は現在とは違っている点も無視してはならず、実際にはドイツ帝国内ではサッカー排撃は影響力をもっていた。

　当時のメジャーなドイツの国民スポーツは、先述のように19世紀初頭の国民運動から発達した「体操」であった。体操はドイツ研究上でも熱いテーマで、ここ数年間でも、小原淳『フォルクと帝国創設　十九世紀ドイツにおけるトゥルネン運動の史的考察』などが日本でも出版され、体操クラブとその政治性についての研究に注目が集まっている。

　ただし体操は、サッカーほどに激しい動きや予測不可能な興奮があるものでもないし、勝ち負けで一喜一憂することもできない。さらに労働者階級が増加していくなかで、

1912年のドイツサッカーリーグ優勝チーム「ホルシュタイン・キール」。現ドイツのシュレスヴィヒ＝ホルシュタイン州では、唯一の全ドイツ制覇を成し遂げたチーム。

　1891年に日曜日の労働禁止が実施されたことは、サッカー人気を強く後押しした。つまり、決まった日の休み（日曜休日）が実現されたことで、労働者層をはじめとした人びとはサッカー観戦やサッカープレーを休日の娯楽とするようになったのである。
　サッカーブームの訪れは急速で、1898年に地域リーグがベルリンと南部の方ではじまり、早くも1903年には第二帝国全体レベルのリーグ戦が組まれている。1900年にドイツ・サッカー協会が成立し、ドイツナショナルチームが結成されることとなる。ちなみに、1904年には国際サッカー連盟（FIFA）が結成されている。
　最後に「サッカーの政治性」について触れておこう。当時のサッカークラブは、実は体操などの他のスポーツクラブと同様に一種の「政治団体」だと捉えられていた。つまり、スポーツ活動を通じて、労働者が連帯し、政府に刃向かうのではないかと恐れられていたのである。このサッカーチームの持つ政治性は、今からすればやや不思議な感じもするが、ドイツでは第二帝国期以後もナチ政権がサッカーを民心掌握の宣伝として用いたし、第二次大戦敗戦後には、連合軍によってサッカーチームが危険視され、一時期解体されている。さらに東ドイツでもサッカーは国威発揚のための道具として重視されていたのである[51]。

✠ 卓球:「ピンポン! ピンポン! ピンポン!」

1902年頃のウィーンの卓球大会

20世紀初頭イギリスのサロンでの卓球。J. Schmicker, Das große Buch vom Tischtennis, Schwalmtal 2000

　ベルリンの街を散歩すると、石製のテーブルのようなものによく出くわす。よく見ると卓球台だ。日本では屋内スポーツの印象が強いが、ドイツ、とくにベルリンでは屋外でプレーすることの方がむしろ多い。天気の良い夏の休日には家族連れも多く、順番待ちになることもざらだ。実際、ドイツの卓球人口は卓球協会(DTTB = Deutsche Tischtennis-Bund)の登録者だけでも60万人を超え、日本の倍にあたる[52]。この卓球がドイツに普及したのが、ほかならぬ第二帝国の時代なのである。

　といっても、発祥の地はイギリスだった。天気の悪い日が多いこの国で、上流階級の紳士淑女が、たっぷりある余暇を雨の日でも楽しく過ごそうとしたのが始まりだった。1870年代のことである。はじめのうちは本やたばこケース、あるいはそのころ既に普及しつつあったバドミントンのラケットで、

これは1974年の東ドイツの画像だが、ドイツの卓球熱が伝わってくる（連邦文書館：Bild 183-N0105-0017 / CC-BY-SA 3.0）。

ゴム玉やコルク栓を打っていたようである。

　現在に通じるセルロイド製のボールが使われるようになったのは1890年代のことで、その音から「ピンポン（Ping-Pong）」という名称が「卓球（table tennis）」と並んで使われるようになった。その後まもなく、ラケットも現在のものに近い形で落ち着く。

　このようにゲームとしての体裁が整うのにともなって、卓球は大陸にも普及していった。今の感覚からすると奇妙だが、ヨーロッパの大陸諸国で卓球はとくにカフェで楽しむものとされ、カフェ文化が盛んなオーストリア・ハンガリーは卓球の先進国でもあった。ドイツではベルリンが先端を行き、1899年には最初の「ベルリン・テニス・ピンポン協会」が結成された。翌年には「ピンポン・カフェ」もオープンしている。

　こうして卓球はドイツにも普及していくわけだが、1902年の新聞記事からは当時の卓球熱の一端がうかがえる。「この新しい遊びを一度始めようものならもうやめられない。あとは機会という機会に遊ぶだけだ。それはいつでも新しい喜びと健やかな元気を与えてくれる。ピンポン！　ピンポン！　ピンポン！」[53]。

　ちなみに日本や中国に卓球が伝わったのも、ちょうどこの頃だった。そして二つの世界大戦を経て、1950年代にはまず日本が、1960年代以降は中国がヨーロッパ勢を押しのけて卓球界の雄となる。だが他方で1966年に設立されたドイツの卓球ブンデスリーガは世界屈指のレベルを誇り、日本人を含めた多くの外国人選手を今なお引きつけている。そして何より、卓球は庶民が気軽に遊べるスポーツとしてドイツにすっかり定着しているのである。

『日本の柔術――襲われたときのための護身術』の表紙

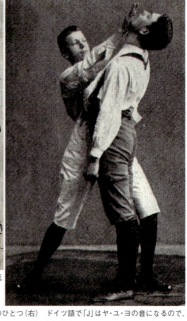

本文中の図説のひとつ（右）　ドイツ語で「J」はヤ・ユ・ヨの音になるので、日本語の「じゅうじゅつ」に近い発音をさせようとすると、表紙にあるように「Dschiu-Dschitsu（ジウジツ）」と表記することになる。ちなみに「柔道」の場合は「Judo」と書いて「ユードー」と発音することの方が多い。出典：T. Hojo, Selbstverteidigung bei tätlichen Angriffen nach dem japanischen Dschiu-Dschitsu, Leipzig 1906.

✠ 武術：柔の道の交差点

　1906年の6月、2隻の軍艦が親善のため北ドイツの軍港キールを訪れた⁽⁵⁴⁾。はるばる東アジアからやってきた日本海軍の巡洋艦である。対するドイツの側は、皇帝ヴィルヘルム2世が自らこれを迎えた。1904年の日露戦争以来、日本は新興の海軍国として欧州列強の間でも名を轟かせていたから、ドイツ皇帝自らこの「極東の脅威」を視察する機会を得たともいえる。

　ともあれ、その歓迎式典で、ドイツ皇帝は強い感銘を受けることになった。日本側がこの機会に柔術を披露したのである。これにすっかり魅せられたヴィルヘルムは、さっそくベルリンの軍事教練施設に柔術を導入するよう命じ、その頃ドイツにいた日本人の柔術家を教師として雇い入れさせた。こうして柔術は、1906年を一つの境にドイツで急速に

実演をするラーンの娘とラーン（1922年）。当時は屋外に設置したリング上で演武することも珍しくなかった。

知名度を上げ、関連書籍も出版されていくことになる。

　もっとも、皇帝が目をつける以前から、地道に柔術を学んでいた一人のドイツ人がいた。日本の武術がドイツに普及するうえで先駆的な役割を果たすことになる人物、エーリヒ・ラーン（1885〜1973年）である。

　ベルリンの裕福な商人の家庭に生まれ育ったラーンは、貿易にたずさわる父の仕事の関係上、幼い頃から日本人と接触する機会があった。そのなかには家族連れもおり、幼少のラーンは自然と日本人の子供と遊ぶようになる。ただ、年齢は同じくらいでも、ドイツ人のラーンと日本人の子供とでは体格がまるで違い、ラーンからすれば「こびと」のように見えたという。

　ところがある日、子供たちがふざけてする取っ組み合いのなかで、ラーンはこの「こびと」に勝てなかった。後にラーンが知ったところによれば、その日本人の子供は柔術の心得があったという。この幼少時の体験はラーンの記憶に深く刻み込まれ、いつか自分も柔術を学びたいと思うようになった。

　はたして何年か後、ラーンは柔術と再会する。日本人の柔術家が、外見的にはよっぽど強そうな西洋人と戦い、あっというまに勝つのを目にしたのである。それはサーカスの催し物の一つだった。

　いわゆる「文明開化」の時代の日本で、伝統的な武術は軽視され、それまで剣術や柔術の教授を生業としていた人々の多くは職を失った。こうした苦境のなか、武術を見世物とすることで生活の糧を得ていた人びとがいた。この見世物は撃剣興行と呼ばれ、剣術だけ

でなく柔術が披露されることもあった。だが日本の政府は、新しい世の中に不満を持つかつての武士がそうした場に集まって社会不安の種になるのを危惧し、次第に撃剣興行に厳しい目を向けるようになる。そうしたなかで、海外に活路を見出した者がいたわけである。

ともあれ、ラーンはサーカスで見た柔術家——後にヴィルヘルムが軍の施設に雇い入れることになる日本人——に頼み込んで弟子入りした。そして 1906 年、21 歳になる頃には、柔術をある程度まで身につけ、ベルリンのミッテ地区にドイツ初の「道場」を開く。それは飲み屋の裏手の小さな部屋だった。

だが、同じ 1906 年に前述のように柔術の名が広く知られるようになるとはいえ、当初はなかなか門弟がつかなかった。柔術を学ぶことによる精神修養、といった面はひとまず脇に置いておいて、もっぱら護身術として宣伝することで、少しずつ人を集められるようになったという。そしてこうした地道な活動の甲斐あって、ラーンは次第に道場だけでなく、ベルリンの警察署や軍の施設にも招かれ、柔術を指導するようになっていった。

ラーンが柔術家としての道を歩み始めたのと同じ頃、日本から一人のドイツ人医師が帰国した。エルヴィン・フォン・ベルツ（1849〜1913 年）である。ベルツはライプツィヒの病院で日本人留学生を治療したのを縁に、1876 年からいわゆる「お雇い外国人」として、東京大学医学部（当時は東京医学校）で教鞭をとった。だがベルツによれば、当時の日本の学生は勉強に熱中するあまり運動を怠り、多くの者が虚弱化していたという。これを憂いたベルツは、母国で「体育」が教育の一環として普及しつつあったことを背景に、日本でも身体運動の必要性を唱えることになる。

その際、日本の歴史と文化にも関心を持っていたベルツが注目したのが、剣術や柔術といった伝統的な武術だった。ベルツは「西洋化」の影響でそれらが軽視されている日本の現状を批判し、講演などの機会を得ては、とくに柔術が身体の鍛練に適した運動であると説いた。またドイツでの学生時代、メンズーアの伝統（→下巻【剣とピストルと決闘】）のなかでフェンシングをたしなんだベルツは、日本滞在中に自ら剣術家に弟子入りもしている。

こうした日本での経験を背景に、ベルツはドイツ帰国からほどない 1906 年、『嘉納柔術・柔道』(Das Kano Jiu-Jitsu (Jiudo)) という書物に序文を寄せている。それによれば寄稿の理由は、

第一に私自身が日本において柔術が再び人気を取り戻すために協力したということ、第二には、本書にその名を冠する嘉納治五郎教授と私が旧来の親交を結んでいるということ、そして第三には、嘉納氏の柔術を私が熟知しているということである[55]。

ここで名を挙げられている嘉納治五郎は、現在一般に「柔道」と呼ばれている講道館柔道を築き上げた人物である。19 世紀末から 20 世紀初頭にかけて、嘉納はそれまで無数にあった柔術の諸流派の技を整理し、単なる武術としてではなく、知育・体育・徳育のための「道」として体系化した。ベルツが日本で教鞭をとったのと同じ頃、若き日の嘉納も

また現東京大学の文学部に在学していたから、学部が違うとはいえ二人に接点があったとしても不思議はない。

ただ、ベルツと嘉納の実際の交流については確かな資料が見つかっていないうえ、はたしてベルツが嘉納の目指す柔道を「熟知」していたかとなると、やや疑わしい。というのはこうである。1909年にアジア初のIOC（国際オリンピック委員会）委員に選出された嘉納は、柔道だけでなくスポーツ一般の国際化に尽力した。その一環で1928年に渡欧した際、嘉納の訪問先の一つにはベルリンがあった。その時のことについて、嘉納は次のように記している。

この学校〔ベルリンの警察学校〕へ行ってみると校長がいきなり「嘉納柔術」というかなりぶあつい、図解までしてある本を取り出して自分に示し、この学校ではこの本を土台として柔術を研究しているというた。見るとその本の扉に自分の肖像も出してある。さらにベルツ博士が序文を書いている。しかるにその内容は自分のかつて見も聞きもせぬところで、いわんや自分の本当の教えとは許されぬものである……おそらくはこの本は講道館の柔道を本当に学ばないものの書いたものであろう[56]。

そんなわけで、ベルツ博士の功績を当人の言葉通り受け止めるわけにもいかないが、彼が日独の両国で武術の復興と普及に尽力したことは認めないわけにいかないだろう。ドイツの「Jiu Jitsu」と「Judo」は、日本で柔術が見直され、近代的な柔道が生まれたのとちょうど同じ頃、時に誤解を孕み、時に日本と交差しながら発展を遂げていったのである。

もっとも、こうして日独両国で柔術や柔道が普及し、やがて教育の一環として国家の支援も受けるようになったことは、その後の歴史に影も落とすことになる。第二次世界大戦後、連合国はこれらの武道を軍国主義の温床のひとつとみなし、日本とドイツの学校における教授を禁止したのである。

だが、戦前における嘉納と門下生の海外普及活動の甲斐あって、この頃までには世界中、つまり連合国側にも柔道を理解し、愛好する者が多くいた。さらに日本とドイツにおける関係者の粘り強い活動が実を結び、1950年代には両国で、柔道はスポーツとしての性格を強調するかたちで解禁されていくことになる。そして1964年の東京オリンピック以降は、オリンピックの正式競技となり、ますます国際的な普及の度合いを深めていっているのである。

警察学校での柔術指導（1924年）（連邦文書館：Bild 102-12320 /CC-BY-SA 3.0）

Friedrich Eduard Bilz: Illustration aus *Der Zukunftsstaat. Staatseinrichtung im Jahre 2000*, 1904

「『現在の国家における国民と未来の国家における国民』という1904年の絵画。近代産業社会の進展の問題が指弾され、未来の国がユートピア的に描かれる。その未来の国に転換する鍵となるのが、生活改革運動と呼ばれる一種のエコロジー運動であった。Kai Buchholz et. (Hg.), Die Lebensreform. Entwürfe zur Neugestaltung von Leben und Kunst um 1900 Bd.1, Darmstadt2001。

✠ 裸体運動：身裸万象を体感

　実は、現在のドイツの街角では「日サロ」、つまり「日焼けサロン」をよく見かける。ドイツには「肌を焼くこと＝健康美」という考え方があり、とくに冬の時期には暗くてどんよりとしたドイツの日焼けサロンは大人気なのである。ここでは、このドイツの日サロ・ブームに通じる裸体運動について述べていきたい(57)。

　19世紀半ばから終わりの時期にかけて始まった生活改革運動と呼ばれる一連の市民層の改革運動がある。この運動は19世紀半ばに組織化された菜食主義運動をはじめとして、自然医療運動、田園都市運動、青年運動、衣料改革運動など多岐にわたる諸運動からなる。自然医療運動のひとつホメオパシーやエコロジー思想など、「近代」を批判するオールタナティヴを目指す潮流として現在でも陰に陽にドイツの社会に極めて大きな影響を与え続けている。そして、この基礎にあるのは、ダーウィニズム色の濃い進歩信仰である。

　その中でひときわ印象深いのが、自由身体運動と呼ばれる裸体運動である。つまり、ドイツの産業化によって不健康になった人間が太陽の力によって癒され、健康になるという思想である。これは、裸体で日常を過ごすという極端な行為へとつながった。身も心も自

フィドゥスの絵「光の祈り（Lichtgebet）」

画家フィドゥスが菜食主義レストランのために書いたイラスト。裸体であることは「自然」であることの象徴とされた。

然と一体化した生活を送るために、彼らは自らの肌を太陽にさらして生きようとしたのであった。この思想は、当時の多くの人びとを魅了した。この19世紀終わりに始まった運動の影響は、現在のドイツでも至るところで見ることができる。

　フリードリッヒ・エドゥアルト・ビルツの著作に付けられた未来図。この図は生活改革運動の中で広まっていたユートピア思想を端的に表現している。左は今日の国家における人々、右は未来の国家の人々。不健康と諍いに満ちた近代社会の劣悪な環境に生きる現在の人々に対して、未来の人々は自然の中で幸せに生きる様子が描かれている。右側の中央には太陽をあがめる女性が描かれている。

　この運動はスイスから生まれた。1854年スイスの自然療法の医師であるアルノルト・リクリは彼の療養施設に日光浴を行なう日光浴場を作った。その後、この運動は菜食主義運動やほかの生活改革運動とともにドイツ中に広がっていった。

　この裸体運動をドイツで推進した人びとの多くは、フィドゥスと呼ばれ、生活改革運動の担い手たちからアイドル視された画家フーゴ・ヘッペナーをはじめとする家や作家等の芸術家たちであった。彼らは裸体での生活を実践するとともに菜食主義、反アルコール運動などにも関与していた。

　この裸体運動は、当時の社会倫理と最も激しくぶつかった運動のひとつであった。社会

フィドゥスの絵

における批判的な視線や嘲笑にもかかわらず、裸体運動の推進者たちは、身体をさらすことへの誤った羞恥心を捨て、自然と一体となった健康な生活を行なうよう主張し、その思想を広めた。ハインリッヒ・ブードアは1901年に雑誌『力と美』を発行し、裸体で生きることが自然の美にかなったことであり、人間の力と精神力を高めることを宣伝した。さらに、彼やフィドゥスは「ドイツ身体育成連盟 (Deutscher Verein für Leibeszucht)」を結成している。この団体には著名人が加入していたほか、芸術家や学生も参加し、1908年には全体で600人の会員を数える。

とはいえ、裸体運動は第二帝国の時代にはあまりにも反社会的であると考えられたために、容易に拡大することはできなかった。裸体運動の主導者の一人であったリヒャルト・ウンゲヴィッターは当時の社会の閉鎖性を批判し、フィドゥスは1888年に行なわれた「ヌーディスト裁判」と呼ばれる訴訟事件によってドイツ中で有名になった。彼は絵画の師匠であるハンス・ディーフェンバッハとともに裸で日光浴をしていたために、公衆の風紀を乱したとして訴えられた。その後も裸体での日光浴に対する裁判は続いたが、次第に軽い判決が下されるようになっていった。

このような社会の閉鎖性のために、この運動は当時の社会倫理に深く染まっていた大人たちよりも、若者の間で広まっていった。ワンダーフォーゲルをはじめとする生活改革運動もこうした裸体文化の伝達役になっていった（→【ワンダーフォーゲル】）。フィドゥスの作品も、古代ゲルマン人やアーリア人を想起させる裸の人びとのモチーフであふれている。このような絵画は

フィドゥスの絵のまね

受け取り方はどうであれ、当時の社会では極めて革命的・挑発的なことであった。彼の描いた絵は青年運動をはじめとする多くの団体の出版物にも使用され、彼の自宅にも多くの人びとが訪れたという。

　裸体運動の理念は、自然は衣服を知らない、というものであった。衣服を身につけていることは身体の抵抗力を弱め、人間の弱化に結びつくと考えられた。それに対して、身体を太陽の光にさらすことによって体の循環力は高まり、健康になると考えられたのである。加えて、彼らによれば、裸の人間が最も美しいのであった。こうして人びとは裸体で日光浴をしたり、踊ったりもした。

　しかし、このような考え方は、容易に優生学や人種主義的な思考に結びついた。19世紀後半は近代医学が発展する時代であると共に、人種主義が展開する時代でもあった。人種主義の信奉者の中には、人種を単なる身体上の差異をあらわすものとしてだけでなく、伝統的なキリスト教に代わる世界観の基礎として考えた人びともおり、人種の興亡によって世界史を「科学的」に説明しようとする人も現れた。こうした「科学」の虚構性は今では明らかであろうが、当時は多かれ少なかれ、多くの人びとに影響を与えていた。フィドゥスをはじめとして裸体運動の担い手の多くは、人種的に健康な人間を育てるために日光浴や太陽の光の下での身体の鍛錬を奨励し、アーリア人を光の人間として称揚した。裸体運動は、優生学と結びついて健康な人種を育て世界史の中で新たな担い手を育てる手段だと考えられたのである。

　裸体運動は、コルセットから女性の解放をもとめる衣服改良運動や、モダンダンスに見られるように当時のブルジョア的な社会規範を批判し、新たな人間と身体との関係を模索する解放的な側面をもっていた。しかし、同時に健康な人種の育成を目的にかかげる人びとも出てくるなど、負の側面も持ち合わせていた。この背景には、身体と健康への注目、さらに公衆衛生という近代医学と社会政策の展開が存在した。ブルジョア的価値観を強く受け継いでいたナチ政権は、公衆において自由に身体をさらすことを嫌い、裸体運動は禁止された。しかし、ナチ・イデオロギーの核であった人種を健康にするために裸体になるのであれば、逆にそれは奨励された。スポーツおたくでもあり、第一次世界大戦後、スポーツ活動の組織化に力を注いでいたハンス・ズーレンは『人間と太陽 (Die Mensch und die Sonne)』をヴァイマル期時代に出版し、ベストセラーとなったが、これは第三帝国の時代でも『人間と太陽　アーリア・オリンピアの精神』と副題がつけられて出版された。

　第二次世界大戦以降は人種イデオロギーから解放され、健康な身体を育成するための裸体運動という考えに変わった。この運動の影響は、東ドイツ時代を経由して、現在でも自由身体文化 (FKK) として生き残っている。例えば、ベルリンのヴァンゼー湖畔に存在するFKK浴場では、裸体で寝そべったり、泳いでいる人びとが大勢いて、服を着ている自分が異質に思うほどである。またベルリンのティアガルテンというベルリンのど真ん中の公園の芝生の上でも、裸で寝そべっている人びとを見かけることは珍しくなく、何とも言えない気になる。こうした現象は、第二帝政期に展開した裸体運動に端を発するのである。

ブラジャー：女性の解放か？　締め付けか？

1900年頃の写真

19世紀中頃、ブルジョワ階級の女性のファッションは宮廷ファッションを真似たものであった。コルセットで腰を締めつけ、そこにクリノリンと呼ばれる下側に大きく開いたスカートを身につけることが流行した。これが、宮廷のファッション競争と同様に巨大化・重量化していく。しかし、1870年頃から徐々に「動きやすさ」や「手軽さ」が重視された機能的なファッションへの注目が集まりつつあった。

コルセットは、「クジラのひげ」を用いるなど硬い材質で作られており、さらに重さも５キロを超えることが普通で、女性の動きを制限していた。そんななかで、ザクセン王国ドレスデンのマッサージ師であり、運動療法の教師でもあったクリスティーネ・ハルトは、このコルセットの弊害を女性の身体にとって重大な問題だと考えていた[58]。実際に過度な身体の締めつけは、消化器障害をひきおこし、出産にも害となっていたのである。

1899年９月にハルトは、「胸を支える女性の胴着」を特許申請する。ブラジャーはフランスやアメリカで発明されたなどの諸説はあるが、少なくとも現ザクセン州の人の多くは、現代的なブラジャーはザクセンで発明されたと信じている。確かに、実際の「特許」というレベルでは、アメリカのブラジャーは1914年の特許取得なので、ザクセン・ブラジャーが「世界初」だといえるだろう。

ハルトの発明は、先に書いた彼女の職業と関係しており、「女性の健康な胸の機能を害することなしに、両胸を維持するこ

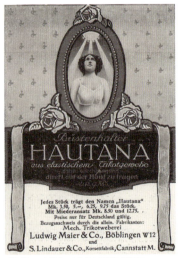

ブラジャー会社「ハウタナ」の広告（1916年）。上を向き、正々堂々とした女性の姿が象徴化されている。

と」を目的としていた。そしてそれは、男性のズボンの吊りひもと袋を結びつけただけのシンプルなブラジャーであった[59]。つまり、最初のブラジャー健康グッズとして発明されたのである。さらにコルセットやクリノリンなどとは異なり、手軽に洗えることも重要であった。

　他にもブラジャーは、男性が支配する社会への抗議という象徴的な意味もあった。なぜなら、当時の男性の好みはコルセットでギュウギュウに締めつけられた胸であり、それが「セクシー」だとされていたからだ。第二帝国時代のブラジャーは、男性への抗議、そして女性の自立を象徴する「隠れた」ファッションだったのである。加えて、前項でも扱った「自由身体運動」との関係も指摘できる。つまり、コルセットは、女性が生まれたままの「自然状態」を歪めるものだという認識が生まれた。やや大げさに書くと、ブラジャーは19世紀後半のドイツ社会の科学性・政治性の両方を象徴する着衣で、後の「生活の改革」運動にも通じているのである。

　その後、ヴァイマル共和国や第三帝国の時代に、ブラジャーの小型化が進む。戦後西ドイツでは1960年代には「ノーブラ・ブラ」が販売開始。これは、まるで装着していないかのようなブラを目指したものである。さらに、1970年代の女性解放運動の時期には、ブラジャーが「女性を締めつけるモノ」とされ、焚書ならぬ「焚ブラ」がおこなわれた。つまり、19世紀末には女性解放の象徴であったブラジャーは、20世紀後半には女性抑圧の象徴として語られたわけだ。こういった経緯もあってか、今日のドイツではブラジャーを身につけない女性が比較的多い。

コルセットの広告

1900年頃の動物製コンドーム（ロンドン科学博物館所蔵）リボンは取れてしまっている（Wikimedia Commons）。

✠ コンドーム：性と生のコントロール

　第二帝政期に医療用器具として紹介されたもののうちに、コンドームがある。この時期になって初めてコンドームが開発されたという意味ではない。コンドーム自体は古代エジプトから存在したと言われている。にもかかわらず、コンドームは医学の分野で文献上推奨されることは永らくなかった。なぜなら、キリスト教的価値観からすれば避妊は許しがたいことであったし、人口増加という観点からも国益にも反していたからだ。また、性病防止のためにコンドームを使用することは、すなわち婚姻外の交渉および不特定多数との交渉だとみなされていたからだ。それ故、他の秘薬と同様、コンドームは民間療法の一つとして存在していたのである。

　ところが、バースコントロールが健康な子孫を確保する上での必要事項として、また、淋病・梅毒蔓延防止が国家の健康を守る上での必須課題となってくると事情は一変する。ここで初めて、コンドームの医療器具としての使用を推奨する兆しがでてくるのである。ドイツでは、フェアディーなる医師が1886年に『避妊法』という医療関係者向けの本を出版し、そこで避妊具としてのコンドームの使用法を詳細に紹介した。また、1902年には、ブラシェコやナイサーを始めとする皮膚科医たちによってドイツ性病撲滅協会が設立され、性病予防具としてのコンドーム導入が検討され始めた。軍隊内の性病蔓延に悩まされていたドイツ海軍ではいち早くコンドームを導入し、兵士の士気低下防止を図っている。

　さて、ここでいうコンドームとは、現在と同じようにラテックス・ゴム製を指していたのだろうか。実は、そのほとんどが動物の腸でできたものだった。山羊・羊・牛の腸をカリウム溶液に浸し、洗浄と乾燥を繰り返しながら何度も鞣す。上質なものになると、なんと薄さ0.01ミリ以下だったという（2017年時点でのラテックス・コンドームの最薄は0.03ミリ、ポリウレタン製は0.01ミリ）。薄いものほど上質で、破れにくく、何度も洗って使いまわせる（当時は、使い捨てではなく洗って何度か使用するのが普通だった）。白く薄布のように仕上がったコンドームは、ペニスに固定するための絹のリボンが付けられて、売りに出された。国内での工場生産がまだ始まっておらず、フランスやイギリ

スからの輸入に頼っており、その上製造にここまで手のかかるコンドームは、言うまでもなく高級品だった。1909年の時点で、「比較的良質なものは1ダース4〜10帝国マルク」、「非常に良質で薄さ0.01ミリのものは15帝国マルク以上」したという[60]。1900年の時点ではあるが、豚肉1キロが1.5帝国マルクだから約10キロの豚肉と同等であり、とても気軽に買えるものではない。したがって、当時は生産過程で穴があいてしまったものを修繕したコンドームが廉価で売られていた。その価格は、1ダースで1〜3帝国マルク。もちろん、使うとすぐに破けてしまう代物だった。

たとえ高価なものを買って何度も使用したとしても、その手入れが大変だった。使用前には軽く湿らせておき、コンドームを柔らかくしておく。使用後は水でそっと洗い、柔らかい布を詰めて乾かしておく。乾いたら、破れないよう、中身の布をそっと抜きだすのだ。あるいは、専用のコンドーム・スタンドなるものに被せて乾かしていた（右図）。

高価で扱いも面倒とくれば、一般庶民は敬遠したくなる。そこで開発されたのがゴム製コンドームである。ゴムの耐久性を増すための加工、「加硫法」は、イギリスのグッドイヤーによって1839年すでに紹介されていたが、1876年、イギリスのヘンリー・ウィッカム卿によって加工に適したゴムの木が紹介されると、ゴム製コンドームの生産に加速がつき、機械生産が可能になった。20世紀に入ると、ドイツ国内でも生産が始まり、ライプツィヒにあるヴァイス・ウント・ベスラー（Weiss & Baessler）社

コンドーム・スタンド。出典：75 Jahre Fromms. Hrsg. MAPA GmbH, H+H Druck, Willich, 1994, S.11.

世紀転換期のコンドーム。タバコに見えるよう、包装してある。出典：前掲書、同頁。

の 1907 年のカタログには、ゴム製コンドームが登場している[61]。形状は、「ボルバー」と呼ばれる精液だまりのない筒状のもの、「ドングリ」と呼ばれる亀頭だけを覆うものの 2 種類だった。

　但し、ここで注意しておかなければならないのは、ゴム製といっても、乳液状のゴム液に型を浸して作る現在のようなラテックス・コンドームではなかったということだ。当時の一般的な加工法は、ゴム板をいったん加熱し、機械で圧力をかけて引き伸ばすものだった。したがって、劣化が激しく、動物製のものと比べて分厚いにもかかわらず破れやすかった。先に紹介したフェアディー医師は、リボルバー型の「丈夫な膜を持つゴム製コンドームは避妊の目的を達するように外見上は見えるが、避妊具に付される衛生的要求という観点からは絶対にそのような資格を与えられない」としている。その理由は、破れやすさにもあるが、第一にその厚さ故に男も女も性感を損ねることにあるという[62]。では、亀頭を覆うだけのドングリ型はどうかというと、これもまた男性にとって使い勝手が良くない。性交中に抜け落ちないように、付属のリングを使って亀頭の根元にコンドームを固定するのだが、これが膨張時のサイズに合っていないと、とても痛い思いをするか、もしくははずれてしまう。

　動物製にしろゴム製にしろ、どちらも一長一短といったところだった。医師たちは、確実さと性感から動物性を勧め、金銭的に余裕のない人々は廉価なゴム製を選んだ。では、それぞれ難はありながらも、コンドームは一般的に普及したのかというと、そうではない。冒頭で紹介した通りの理由で、当時はコンドームの使用そのものが不道徳であるという社会認識が存在した。性病予防をしたい人、あるいは避妊をしたい人は医師から処方を受けるか、街角の薬局・床屋・包帯屋でこっそり買ったのだ。世紀転換期にシガレットを模したコンドーム・パッケージが存在したことが、それを雄弁に物語っている。また、当時は成人であっても十分な性知識があったとは言い難く、避妊・性病予防について知らない人が多かった。2006 年にブロードウェイで大ヒットし、日本でも紹介されたミュージカ

「物閲兵式」（ゲデ画）。第一次世界大戦下の軍隊における性病検査の風景。出典：Hirschfeld, M. Sittenngeschihte des Weltkrieges. Verl. für Sexualwissenschaft Schneider & Co., Leipzig, 1930, I, S.223.

ル『春のめざめ』の原作は、まさにこの時期に書かれており[63]、19世紀末ドイツにおける人々の性に関する知識の乏しさ、隠蔽を告発している。したがって、コンドームの存在すら知らない人もまた多かったのだ。

　ゴム製コンドームの普及に貢献したのは、第一次世界大戦である。淋病や梅毒に感染すると、その痛みから兵士の士気・戦力が低下する。占領地の女性、あるいは娼婦と関係を持った兵士が性病を「持ち帰」らないよう、また軍隊内でそれを蔓延させないよう、コンドームを配布したり使用を推奨したりする部隊が多くあった。そこでは、手入れが面倒な動物製より多少品質は劣っても扱いが容易なゴム製が歓迎された。

　いずれにせよ、第二帝政期におけるコンドームの医療器具としての導入は、女性の健康のためのバースコントロールという美辞麗句の背後に健康で優良な子孫を確保したいという優生学的思想が、兵士の健康を守るという建前の後ろに戦力確保という国家的打算が潜んでいたからこそ可能になったといえる。

　大戦中から品質改良を重ねていたドイツのゴム会社フロムスは、大戦終結後の1919年、3個入り72ペニヒでコンドームを販売し始める。従来品より品質が良く安全性も高い、しかも廉価とくれば、誰もが飛びついた。これを期に、コンドームの主流は動物製からゴム製へと変化していき、優生学を支える必須アイテムとなっていくのである。

（特別寄稿：嶋田由紀）

エルダールの缶（戦後のもの）

✠ 靴クリームの時代：シュトゥンデ・塗る

　19世紀末以降のサラリーマン、いわばホワイトカラーの増大と、大量生産・大量輸送の実現は、革靴の需要を増大させた。そこで発明されたのが、靴の品質保持やツヤ出しのための靴クリームである。ちなみに、英語と似ているがドイツ語も、靴は「Schuh（シュー）」であり、靴クリームは「シュー・クレーメ（クリーム）」と呼ばれる。だからドイツのお菓子屋で「シュークリームをください」と言ってはいけないのだ。なお、お菓子の方のシュークリームは、ドイツ語で「ヴィントボイテル（Windbeutel）」と言う。これは「風袋」という意味で、なかなか素敵なネーミングセンスだといえよう。

　閑話休題。話を靴に戻そう。マインツにあるヴェルナー＆メルツ社が「ワックスとオイル製の全く新しい靴手入れ品」を、1900年に売り出し、翌年に「エルダール」という名称で商標登録した。この時代に増えつつあったサラリーマン層を考えると、これは完全に市場のスキマをつくかたちで、同時に靴みがき業の仕事を楽にする商品としてヒットした。

　しかし、ここまでに至る「歩み」は決して容易なものではなかった。もともと靴クリームの発明者のヴェルナーの家系は、「教会の鐘つき」の子孫であった。なぜ、教会の鐘つきから靴クリームへとつながるのかというと、教会で大量に使われる、あるものが深く関係している。

　それは「ロウソク」だ。鐘つきヴェルナーは副業として、ロウソクを売りはじめた。こ

（撮影 Kandschwar, CC BY-SA 3.0）

のロウソクが、靴を磨くワックスへと発展するのだが[64]、そこに至るにはさらにワンステップを要する。ロウソク売りとしてのヴェルナー＆メルツの業績は、第二帝政期に、電球が徐々に普及しはじめたことで売り上げが下降していく。さらに、ロウソク工場が火事で全焼してしまうことで、いったん会社を手放さねばならなくなり、まさに会社の命運は「風前の灯火」となった。そこで、起死回生の商品として靴クリームが考案されたのである。

　エルダールという名前は、再起を果たした工場の住所がマインツのエルタール通り（エルダールではない）にあったことに由来し、これが愛称化してエルダールとなった。1903年には、グリム童話「カエルの王様」から着想されたエルダールのシンボルキャラクターである王冠カエルが発案され、工場に鎮座するようなった。童話のカエルの王様は、物語はじめは王女との関係がうまくいかないが、最後に大ドンデン返しのハッピーエンドを迎える。同じように靴クリームのカエルの王様も大ドンデン返しを果たし、ドイツの靴クリームの代表格にまで跳び上がったのである。

　その後、第二次世界大戦中には原材料・工場労働者の不足で経営はピンチに陥り、くわえて1944年9月の空襲でエルダールの工場は焼けてしまったが、このカエル像は空襲被害を免れた。その後、またヴェルナー＆メルツ社は再起を果たした。今でも王冠カエル像だけは社のシンボルとして残されている。

　戦後はこのカエルがさらに重要な役割を果たす。1970年以降の環境保護運動と連携して、このヴェルナー＆メルツ社は、このカエルをキャラクターとする別の製品を生み出した。それが、フロッシュ（ドイツ語でカエル）という洗剤だ。これは靴クリームとともに、ドイツのスーパーマーケットなどでもよく見かけ、最近は日本でも購入できるほどの人気洗剤となっている（→伸井『ニセドイツ3』）。

✣ ニベア：雪の巨人

　ニベア（ドイツ語読みではニヴェア）は、バイヤスドルフ社が 1911 年に生み出したスキンクリームであり、その鮮明な青色の背景に白い文字のパッケージは日本でも目にすることが多いだろう。

　1882 年に、バイヤスドルフは、ハンブルクで皮膚に関する薬局と研究所を開設した。その後 1890 年に、同研究所は弱冠 27 歳のトロプロヴィッツによって買い取られた。しかしそれでもなお、「バイヤスドルフ」という名称は残された。ここから、本企業の躍進がはじまる。トロプロヴィッツは、ドイツ帝国東部のシュレジエンからハンブルクに引っ越ししてきた人物で、「外からの」の視点でハンブルクの市場調査を実施した。19 世紀以前、皮膚病は衛生状態などの影響で頻繁に発症する病だった。そこでトロプロヴィッツは皮膚に効く薬を製造した。さらに彼は、それを商品化、そして販売する戦略に長けていた。いわば、第二帝政期に数多く登場した有能な企業家、または起業家のひとりだったのである。

　最初 20 世紀初頭まで、バイヤスドルフ社は、チューブ入り歯磨き粉ペベコ（Pebeco）によって、ドイツ国内そしてヨーロッパで名前を知られていく会社となる。しかしこの時点では、ニベアのハンドクリームはまだ人気商品とはなっていない。確かに 19 世紀末には、ハンドクリームなどの皮膚クリームは開発されていたが、油分を含むクリームは水を弾き、剥がれ落ちてしまうという欠陥があった。しかし、油分と水分の両方を保つことができる、いわゆる乳化液の特許を持っていた化学者リフシュッツをバイヤスドルフ社の仲間に引き入れ、さらにそれを薬用のみならず、一般向けのスキンクリームとして開発して販売した。これが「ニベアクリーム」の始まりである。

　ニベアという名称は、スキンクリームの白さから着想され、ラテン語の雪（nivis）から採られている。トロプロヴィッツは、当初、「ニベア」という名称を自社の石鹸製品のために生み出したが、これをスキンクリームにも転用した。宣伝方法も時代の最先端をゆくものであった。たとえば、冬の乾燥する季節とニベアのイメージを重ねあわせ、夏であれば行楽シーズンの強い日差しを強調し、または家事炊事での肌荒れからクリームの効果を売っていった。

　このニベアクリームは、1912 年の売り出しの時期からその製法を変えずに今に至っている。ただし、現在のパッケージカラーは 1925 年以降のものだ。ヴァイマル共和国時代には、ニベア・シャンプーや髭剃りクリームを発売するなどして世界的なシェアを広げていった。1933 年のナチ政権成立後は、当時の経営者がユダヤ系の家系であったために「ユダヤ企業」として差別され、不買運動なども展開されたが、それに対してもラジオや映画館での宣伝戦略を続けていった。ナチ時代の宣伝には、戦後直後の大統領テオドーア・ホイス夫人のエリー・ホイス＝クナップもライターとして参加していた。その成果もあり、戦後にはすぐさまドイツ国内で、その勢いを取り戻すことができたのである。

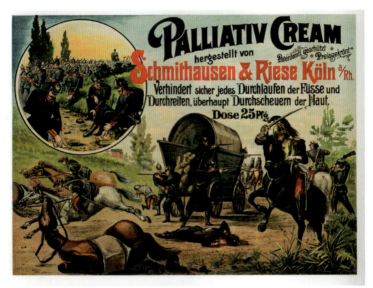

パリアティーフ・クリームの宣伝広告。下では激戦、上では兵士が必死で塗っている姿の対比がすごい。

✠ ベビークリーム：赤ん坊のお尻から兵士の足まで

　19世紀末の医療品の発展は目覚ましいものがあった。そのなかでも「子ども用」の薬品やケア用品は、まさに19世紀末に大変革を遂げることになった。そのひとつに、ベビークリームがある。

　「パリアティーフ・クリーム」という名のケアクリームが、オットー・シュミットハウゼンによってケルンで登録されたのが、1897年のことである[65]。これがドイツ最古のベビークリームだと言われている。このクリームはおもに赤ん坊のオムツかぶれをケアするクリームとして販売された。しかし、オムツのなかと同様に湿気と熱さ、そして「かぶれ」が生み出される場所それは兵士のブーツの中だ。パリアティーフ・クリームは第一次世界大戦そして第二次世界大戦と兵士の足元ケアのためにも用いられた。しかし偶然だが、そのパッケージに平和の象徴であるハトが描かれているのは、悲しい皮肉だと言わざるをえない（右図）。

ベルリンにあるバイエル社(撮影:絹川智)

✠ バイエル社とアスピリン:「万能薬」アスピリン

　19世紀末のドイツは、急速な科学技術の発展が見られた。しかし、それと表裏をなす言葉として、「神経衰弱的な社会」といわれるほどに、神経を苛立たせる状況が生まれていた[66]。いわば「ストレスフルな近代社会」が登場したのである。
　そのストレスと関係あるとされる現代病が、頭痛だ。現代社会の忙しさが不安や焦りをかきたて、そして頭痛が引き起こされる。その頭痛に対する薬として発明されたのが、いわゆる頭痛薬だ。その中でもとくに有名なのがアスピリンである。スペインの哲学者ホセ・オルテガ・イ・ガセットも、1930年代にこう記している。「20世紀はアスピリンの時代だ」と[67]。
　ドイツでは、今でもアスピリンが常用されている。頭痛、歯痛、腰痛、筋肉痛などなど、あらゆる痛みにアスピリンを服用する人が多い。これはちょっと異常なほどのアスピリン依存率だといえる。
　この奇跡の妙薬アスピリンはドイツで発明され発展した、いわばドイツ伝統の万能薬なのである。同じような「万能薬」としては、日本では正露丸が有名であるが、これはロシアを征服するという意味(征露)で、アスピリンと同時期の1902年に発明されている(諸説あり)。その後、日露戦争で日本はロシアを破ったこともあって、商品の価値を高めたと考えられる。
　さて、万能薬アスピリンを発明したのは、若き化学者フェリックス・ホフマンだとされる[68]。ホフマンは、ゲッティンゲンで学を修め、1897年8月10日にアセチルサリチル酸を発見した。この物質が、痛みを和らげる効果と解熱効果のある分子だったのである[69]。
　1899年に、ホフマンの所属するバイエル社(現バイエル製薬)は、こ

バイエル社の広告看板。日本でもたまに見かける。写真はフランクフルト国際空港内。

れをベルリンの帝国特許庁に「アスピリン」として申請した。その翌年、19世紀最後の年にタブレット状のアスピリンが発売された。

　先ほどの哲学者オルテガの引用からすれば、20世紀という「頭痛の世紀」の到来間近な時期にアスピリンも登場したことになる。ちなみに、この発明と同年の1900年には、哲学者フリードリヒ・ニーチェが亡くなっているが、彼も頭痛に悩まされたひとりである（→【南米の新ゲルマニア】）。アスピリンの発明がもう少し早ければ、ニーチェも頭痛に苦しまずにすんだのかもしれない。

　このアスピリン、実はその効果の理由が長いあいだ不明なままだった。実際にアスピリンの効用のメカニズムが証明されたのは1971年であり、それまではみんな不思議に思いながらも、効果があったので服用を続けていたのである。ちなみに、アスピリンのメカニズムを解明したイギリス人、ジョン・ロバート・ベインは、1982年にノーベル賞（生理学・医学）を受賞している。

　話を第二帝国時代に戻そう。第一次世界大戦の敗北により、ドイツの化学産業も窮地に立たされる。そこで1925年に、バイエル社を含むドイツの化学企業8社が合同して、IGファルベン社を設立。同社はナチ時代の行いについて、第二次大戦後に糾弾されることに]なる。そう、ユダヤ人、シンティ・ロマなどの人びとの絶滅収容所で用いられた毒ガス「ツィクロンB」の販売会社として有名だからである。

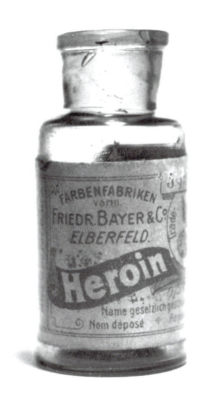

バイエル社のヘロイン

　また、バイエル社は、アスピリン以外にも第二帝国時代にヘロインも発明している。最初は、咳を抑えるための飲み薬として販売された。当時は、それほどの中毒性が認められなかった。しかし注射で服用すれば、その効果が過剰となる。これは、またたくまに麻薬として問題視された。なお、ヘロインがドイツで治療用としても完全に禁止されたのは、アスピリンのメカニズムが解明された年と同じ1971年のことであった。
　このように第二帝国時代から連綿と続く薬の製造開発は、人類社会の病の治療という部分もあったが、同時に人類社会のそのものの病理とも密接に関わっていたのである。

1910年頃のデパートのカタログに載っているテディベア

✠ テディベアと女性の社会進出：わたしのステディ

　なぜ、人はクマをカワイイと思うのだろうか。ヒグマと出会えば、その腕一振りで人間の首など一瞬で飛んでしまう。クマとは、このような恐るべき動物なのに……。ほかにもライオンのような「猛獣」も、しばしばかわいく描かれることもあるが、クマのカワイイグッズは、その比にはならない。「クマのプーさん」、「パディントン」、ドイツのグミ菓子ハリボーの「クマ」、「くまモン」などなど、世界にクマなく存在するクマキャラクターたち……。

　日本と比べてヨーロッパで、クマがかわいく描かれるのには、いくつかの理由がある。たとえば、野生のヒグマは 1835 年に南ドイツで絶滅している。つまり、そのずいぶん前から、ドイツの人びとは野生のクマに出会うことは極めて稀になってしまっていたのである。そうであれば、クマはサーカス的な見せ物としての動物の位置づけになり、ややおっとりして抜けている感じのカワイイ動物として認識されるに至ったことも理解できるだろう。

　さて、このクマグッズの代表格「クマのぬいぐるみ」といえば、今でも老若男女に人気のあるテディベアがよく知られているだろう。このクマは、1902 年にヴュルテンベル

見せ物クマのイラスト（1810年頃の教科書より）

ク王国の都市ギーンゲンで生みだされた。このテディベアを作るシュタイフ社は、もともとマルガレーテ・シュタイフという女性が1877年に設立したフェルト編み物の家内工房であった。それが正式に1880年に株式会社となる。

その後、マルガレーテ・シュタイフ社は、「子どもたちにこそ、最高のモノを！」をモットーとして、1892年から動物ぬいぐるみを製造しはじめる。実は、このスローガンには、単に子どもを大切にするという意味合い以上の重さがある。それは、マルガレーテ自身が、幼少時にポリオの後遺症によって車椅子生活を余儀なくされた女性だからである[70]。当時、幼児の死亡率は高かった。また、後遺症が残る事例も多く、いわゆる「五体満足」に子供時代を過ごすことができる人間も限られていたのである。マルガレーテはおもちゃ（ぬいぐるみ）を、遊びたくても外に遊び出かけられない子どもたちに向けて贈ろうとしたのである。このように、第二帝国時代の小児致死率や病気による後遺症率の高さと重ねあわせてみれば、このシュタイフ社のスローガンも異なって響いてくるだろう。

「クマ」で有名なシュタイフだが、実は会社の人気を最初に押し上げたのは、クマではなく「象」だった。針刺し用の象人形がドイツ国内でブームを巻き起こしたのである。その後、1902年にマルガレーテの甥リヒャルトが、モジャモジャのモヘア製で腕が可動するクマ人形を発明した。リヒャルトは、工芸・美術学校在学中に、動物園で数多

19世紀末ころの人形（※シュタイフではない）。なんだか怖いが、19世紀には玩具産業が工業化の進展と同時に発達した。

くの動物スケッチを描いていたので、この経験が人形に活かされたのである（→【動物園】）。

さらに、このクマ人形の人気を上昇させるのは、アメリカであった。第26代アメリカ大統領セオドア・ローズヴェルトが猟に出た際に、傷ついたクマを撃たなかったという話が新聞記事によって広く伝えられた（このクマは、大統領のために部下によって用意されていたものだという説もある）。

その記事の出された後の1903年には、ローズヴェルト大統領の愛称「テディ」を冠したベア、つまりテディベアがアメリカにて発売される。その後、実際に大統領のもとにシュタイフ社のクマのぬいぐるみが贈られた。この宣伝効果もあって、テディベアの人気は急上昇した。1904年には1万2000体の売上があったが、1907年には97万体のぬいぐるみを製造するまでになり、そのほぼ9割がアメリカ向けの輸出品であった[71]。

これによって、シュタイフ社も急成長を遂げる。同社は、1906年に400人の従業員と1800人の家内編み物婦人たちを擁する企業となった。さらに第一次世界大戦直前には、ニューヨーク、シドニーなどの世界15の都市に販売代理店を構えていた。

シュタイフの歴史は、第二帝国時代の何を象徴しているのだろうか。まず、先述のように子どもをめぐる環境の変化が挙げられる。次に、当時のおもちゃ産業がグローバル化していた一側面をも教えてくれるだろう。そして、ギーンゲンの女性たちにとってテディベ

ギーンゲンにあるシュタイフ博物館。モニュメントの左上には、象の人形象も。

アは重要な収入源であった。つまり、女性による起業の走りともいえるマルガレーテ・シュタイフの作り上げたぬいぐるみ産業は、手作りの職人技を残しつつも、女性が活躍する新たな時代の幕開けを象徴しているのである。

　第一次世界大戦の後、1928年にアメリカでウォルト・ディズニーがミッキーマウスを生み出すと、ディズニーはミッキーの人形をシュタイフ社に依頼した。初期のミッキーマウスのぬいぐるみはシュタイフ社によって製造され、1930年代のアメリカとドイツで販売されたのである。しかし、ナチ時代に独米関係が徐々に悪化するにつれて、シュタイフ社もミッキーぬいぐるみの製造を断念せざるをえなくなった。さらに戦後の西ドイツでは、シュタイフ社はミッキーならぬ「メッキ」というハリネズミのぬいぐるみを製造するようになる……。この謎のぬいぐるみ「メッキ」については、伸井『ニセドイツ2』を参照していただきたい。

　現在、ギーンゲンにはシュタイフ社の博物館がある。博物館内はもちろんクマ一色で、縫合の実演やショップも充実している。ただ、ギーンゲン自体にも注目してほしい。小さな町だが駅から博物館周辺までクマが各所に現れるクマ町であり、観光バスで向かう場合が多いだろうが、その周辺も楽しめるのでぜひ訪れていただきたい。

メルクリン社のパンフレット（第二帝国時代ではなく、1927年頃のものの復刻版）

✠ メルクリン：イエス・マイ・レール

　1859年、テオドーア・メルクリンがヴュルテンベルク王国のゲッピンゲンに開業した模型会社が、「メルクリン」のはじまりだ。レール幅と車体スケールの定義であるHOゲージやZゲージの鉄道模型で知られており、欧州随一の老舗だといえよう。そして、これらの規格もメルクリン社が、1900年に定めたものである（各社・各人で意見の違いあり）。

　このように、現在では「メルクリンといえば鉄道模型」、さらに「鉄道模型といえば男の子のおもちゃ、あるいは男性の趣味」というイメージがある。しかし、初期の製品としては、たとえばドールハウス製造などでの女子向けのおもちゃも作っていた。このドールハウスなどの製造は、1950年頃まで続けられた。

　ドイツの人形製造は、何百年という歴史があり、「人形都市」なる名称も存在する。その人形都市の代表格として知られるのが、テューリンゲン州アルンシュタットだ。ここには、18世紀前半にアウグステ・ドロテア公爵夫人が作った、まさに「人形の都市」が存在するからである。この人形をコレクションするための都市を、「モン・プレジール（わが愉しみ）」と呼ばれる。まさに、趣味をとことんまで追求した感じのする名称だ。

　さて、話をメルクリンに戻そう。元々はブリキ製造職人であったメルクリンのおもちゃが世間に広まったのは、妻のカロリーネの功績が大きいと言われている。彼女は、スイスから南ドイツ全体にかけて夫の製造した玩具をセールスして回った。当時では珍しい女性

メルクリン製の台所の玩具

メルクリンの模型

旅行者であり、セールスレディだった[72]。メルクリンも、ベンツの自動車（→【自動車】）や先述のテディベアのように、商品の世界化には女性が大きな役割を果たしたのである。

　その後、メルクリンは鉄道模型で知られるようになっていく。メルクリンの鉄道模型はクオリティが高く、日本を含めて世界中にもファンが多い。セットで10万円以上するものも珍しくない。大人の趣味としても、かなりの財力を要する。

　メルクリンの現在のスローガンは、「マイ・ワールド」だ。人形都市と同じく、そしてメルクリンの製造していたドールハウスと同様に、メルクリンの模型やレイアウトなどで「自分の世界」を構築することができる。これは、18世紀以前からの長い伝統に支えられた趣味文化であり、趣味帝国ともいえるドイツの代表格でもあるのだ。

　2009年には、メルクリンは経営破綻し、従業員への賃金も支払えなくなった。しかし、根強い鉄道ファンの働きかけと、新経営体制へと移行させたことによって自己再生を果たした。辛うじてメルクリンの「ワールド」は守られたと言えようか。

　現在、ゲッピンゲンにはメルクリン本社と博物館があり、博物館では数々のメルクリン模型（上掲の写真）や巨大メルクリン鉄道に乗ることもできる。

ドイツのみつばちマーヤのマンガ（1977 年頃）。

✠ みつばちマーヤ：世界を飛び回るマーヤ

　『みつばちマーヤの冒険』は、1970 年代半ばに日本で TV アニメシリーズとして放映され、多くが知るヒット作となった。実は、1970 年からテレビアニメで『みなしごハッチ』が放送されていたので、混同している人も多いし、「ハチもの」作品としては『ハッチ』が先んじているように思えるが、マーヤはドイツ第二帝国時代の児童文学作品なのだ。

　原作は 1912 年にヴァルデマール・ボンゼルスによって出版され、動物・昆虫が自然のなかで生活する様が描かれている。本書は、ドイツで高く評価され、児童書として幾度となく版を重ねた。ボンゼルスは、1903 年から 1904 年まで、キリスト教の世界教会運動のミッションでインド東部に滞在していた。そこで昆虫たちの多様さとその神秘性に感動し、その後にドイツに帰国して出版した書籍が『マーヤ』だ。ボンゼルスの宗教観と自然に対する眼差しによって書かれた本作は児童文学だが、そのテーマは重く、苦悩や死や別れが描かれている。

　『マーヤ』は、1915 年から 1940 年のあいだにドイツ国内で 79 万部ほど売れ、トーマス・マン『ブッデンブローク家の人びと』や『西部戦線異状なし』などに続いて、この時期では 4 番目に売れた書籍とされている[73]。日本でも 1937 年に『蜜蜂マアヤ』と

映画版マーヤのワンシーン。マ、マーヤはどこに……。

して翻訳書が出されるなど、外国語への翻訳によって世界にマーヤは広がっていく。この『マーヤ』は、戦後も売れ続け、とくにアニメ化された 1970 年代から 80 年台にも売り上げを伸ばした。戦後は複数の出版社から出されているので正確な数は特定できないが、1990 年代までに 200 万部は売れたらしい。

そして、なんと『マーヤ』は、ヴァイマル共和国時代の 1920 年代半ばに映画化されている。初期の映画は戦禍などによって散逸してしまったとされていたが、戦後にフィンランドに保管されていることが判明し、ドイツ連邦文書館はそれを補修して公開している[74]。映画は、いわゆる無声映画で、間に字幕が入るものだが、何よりも衝撃的なのは「実写」だという点である。つまり、実際のミツバチをカメラで撮影して、そこにストーリーを付けているのだ。しかし、当然ながらミツバチそれぞれに目立った特徴はなく、どの蜂がマーヤなのかを判別するのは不可能……。

アニメ作品は独墺日の合作だが、ドイツで放送されたドキュメンタリー『みつばちマーヤ』によると、ある年齢以上のドイツ人の幼少期の思い出にはアニメ版のマーヤが鮮烈に残っているらしい。しかし、まさか日本のアニメだとは思わなかったということだ。なぜなら、ドイツ語のオープニングテーマにドイツ人原作の作品なので、日本人がアニメ化したとは夢にも思わなかったらしい。これは、『アルプスの少女ハイジ』と同じ現象で、日本でクオリティの高いアニメを製作した結果、その製作元がヨーロッパだと思い込まれているのである（→伸井『ニセドイツ3』）。

✠ ボードゲーム『イライラしないで』：イライラ時代の盤上遊戯

『イライラしないで』のプレー中の様子

1871年から始まったドイツ第二帝国は、1910年頃にはすでに世界戦争を開始することができるまでの「余力」を蓄える国家となっていた。そのような社会で、大衆レベルでの余暇が誕生する。そのひとつがボードゲーム「Mensch ärgere Dich nicht（イライラしないで）」だ[75]。

これは、ほとんどのドイツ人が知っているほどの超有名なボードゲームだ。その題する通り、このゲームをプレイして「イライラ」した経験が心の傷となって記憶に残っているドイツ人は多いのではないだろうか。このゲームが世に出た1914年から現在に至るまでの売上数は、7000万箱だといわれている[76]。

まずはルールを説明しておこう。各プレイヤーの目標は、持ちゴマ4つ全てを、それぞれの目的地（お家）のマスに誰よりも早く入れることだ。そこで圧倒的に重要なサイコロの目は「6」だ。6を出さないと自コマの待機地点から移動フィールドに自コマを出すこともできない。また、6を出せばもう一度サイコロを振るチャンスが訪れるので、一気に逆転するときも、逆転されるときも6が大きな役割を果たす。

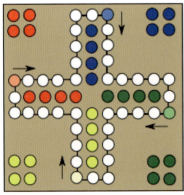

『イライラしないで』のゲーム盤

周回中に、相手のコマと同じマスに止まったら、その相手駒を待機地点に追い戻す。逆の場合は、自コマが追い返される。これは非常にイライラする。

以上が基本ルールだが、なにせ100年もの間、ドイツで愛好されているボードゲームなので、日本のトランプゲーム

「大富豪」並みの無数の家族内ルールや地方ルールが存在している。その中でも一番の変りダネのルールが、「共産主義的イライラしないで」だ。「イライラしないで」は先に説明した通り、本来は4色のコマを使用するのだが、「共産主義」ルールでは一色である（赤が最適とされている）。まず、誰かが6を出して周回フィールドにコマを出すと、全員が「平等に」自コマを周回フィールドに出す。ここから、共産主義が理想とする平等社会における矛盾の再現が始まるのである。つまり、盤上に出ている赤いコマ4つのどれかひとつを自由に動かすことができ、それを自分のゴール地点に入れることを目指す。最初の標的は、もちろん最短ルートにある右隣のプレイヤーが出したコマとなり、これを自分のゴール地点に入れてしまうのが手っ取り早いだろう。しかし、他のプレイヤーが、自分のゴール地点を追い越させてしまう可能性もある。ここが、共産主義下であっても「ゴールは目指さなければならない（利益は得ないといけない）」状態における、「駆け引きや足の引っ張り合い（旧共産圏の権力争いに見られた権謀術数）」を再現している点だ。これは、既に「イライラ」のレベルを超え、共産主義社会における人間性の露出といっても良い状態に陥り、お互いの人間関係にしこりが残ること必至のルールなのだ。

　「イライラしないで」はふたつの大きな「イライラ」から成り立っている。まずは、「6」が出るまで周回フィールドに出られないイライラ。そして、相手コマに乗っかられてしまい、自コマを周回フィールドから待機地点に戻さねばならないイライラだ。しかし同時に、快感も用意されている。「6」が連続で出た場合だ。このときは高らかに叫ぼうではないか、「ずっと俺のターン！By『遊☆戯☆王』」と！そして、相手コマを背後からロックオンしたときの快感。しかし、相手コマを越えてしまうと今度は逆にロックオンされてしまうのだが……。

　なお、「イライラしないで」は、相当数キャラクター商品化されている。たとえば、プーさんやガーフィールド、そしてキティちゃんなどである。ただし、愛くるしいキティちゃんであっても、のんびりしているプーさんであっても、イライラするものはイライラすると思うのだが……。

　本ゲームが生まれたのは1910年頃で、商品化されたのは1914年のことである。発明者は、ミュンヘン市の労働者街に住むサラリーマンのヨーゼフ＝フリードリヒ・シュミット。彼は子供たちと19世紀に発明されたボードゲームで遊んでいたが、戦術的・戦略的な要素が強く、ゲームの勝敗にどうしても「経験の差」や「年齢の差」が出てしまうことを問題視していた。そこで、シュミット氏は老若男女すべてが楽しくプレイできるように、運の要素を高めながらルールをより簡略化させた結果、「イライラしないで」が生まれたのである。

　本ゲームが発売開始された1914年といえば、第一次世界大戦が開始された年である。発売当時にはそれほど有名ではなくヒットしなかったが、シュミットは戦争中の兵士への現物寄付として、3000箱の「イライラしないで」を贈った。そして軍隊内で、ルールが簡明なこのゲームはよく知られるようになり、戦後の1920年には、なんと100万個をも売り上げていた。人間の「イライラ」の最大の集合体ともいえる戦争が、「イライ

ボードゲーム「飛ぶ帽子」

ラしないで」を一躍有名にさせたのである。

　19世紀末のドイツでは、ボードゲームが戦略学習のために用いられており、より戦術的に複雑化する途を辿っていた。それと正反対の流れで、大衆受けするような簡単なルールの「イライラしないで」が、戦争によって流行するのは歴史の皮肉だろうか。いや、この「イライラしないで」の流行は皮肉というよりかは必然だったといえよう。つまり、20世紀には労働者といった「非ブルジョワ階級」も盤上遊戯に愉しむ時代が到来していたということなのだ。労働者街在住のサラリーマンが発明したボードゲームは、20世紀初頭のドイツ社会の発展と大衆化の好例を示しているのである。

　このように、本ゲームの登場は、産業革命後の発展などによって社会の流動性が高まった時代を背景にしている。たとえば、1910年頃といえば女性参政権運動が全世界的に盛り上がった時期でもある。「イライラしないで」は、社会の成員の多くが同じルールの上（盤上）で共存・競争しつつある時代の非対称性の不条理をみごとに表した「感情のゲーム」だったと考えられる。

　「イライラしないで」の快進撃によって、シュミット社は一躍、アナログゲームの開発・販売の大手となった。「イライラしないで」は、まさにこのシュミット社の草創期に、社の発展に貢献した記念碑的なゲームである。そしてシュミットの歴史は、ボードゲームの歴史そのものであり、「イライラしないで」のヒットがなければ、ドイツが現在のようなボードゲーム大国になることもなかったかもしれない。

ボードゲーム「鉄十字」

ミュンヘンおもちゃ博物館所蔵の第二帝国時代のおもちゃ。

ライプツィヒの国立図書館

✠ 「国立」図書館の誕生：ドイ知の蓄積

　1848年の革命時には、プロイセン国王フリードリヒ・ヴィルヘルム4世がドイツ皇帝になることを拒否し、さらに1871年の「ドイツ統一」の際にも、ヴィルヘルム1世が「ドイツ人の皇帝」になることを嫌がったように、「ドイツ」はもともとプロイセンやバイエルンといった王国の寄せ集めで、しかもそれぞれの王国や都市国家は自己アイデンティティが強固だった（→【第二帝国の「国々」】）。そしてそれは今なお継続しているのである。

　それゆえに、「国立」の付く施設は大抵の場合は、現在でいうドイツの各州に所属する場合が多い。この辺りは日本人にも、そして当のドイツ人にも分かりにくい部分がある。たとえば、ベルリン最大の図書館は「ベルリン"国立"図書館（Staatsbibliothek zu Berlin）」と表記されるが、厳密にはベルリン「州」の図書館であり、バイエルンもまた然りで、蔵書コレクションは各州のものが多く偏りがある。その中で、1913年以降、ドイツ全体の書籍をコレクションしはじめたのが、ライプツィヒにあるドイツ国立図書館（Deutsche Nationalbibliothek）だ。英語だと、「ジャーマン・ナショナルライブラリー」となる。

　もともと、印刷・出版の街として発展していたライプツィヒ市。この図書館は、ドイツ第二帝国圏内で出版された書籍をコレクションするための施設だった。この1912年の

国立図書館から突き出るビスマルク

図書館が、事実上の「ドイツ人の国」のライブラリーだとされる。日本の帝国図書館が1897年に設立されたことに比べて、「国のカタチ」が曖昧なドイツでの国立図書館の設立の遅さが分かる。

そして1912年といえば、1813年にナポレオン軍とプロイセン軍を中心とした勢力が戦った諸国民戦争100周年を翌年に控えた年である。諸国民戦争記念碑の項（→下巻【記念碑】）でも触れているが、この戦争は決して1871年以後のドイツ第二帝国を構成する国家が一丸となって、ナポレオン軍と戦ったわけではなく、むしろ「プロイセン、オーストリア帝国、ロシア帝国、スウェーデン」が、「フランス、ワルシャワ公国、そしてザクセン王国を含むライン同盟など」と刃を交えた戦争であり、むしろ「ドイツ分断」の戦いだった。しかし、それも1871年の普仏戦争でのフランスに対する勝利、そしてその後の第二帝国「ドイツ人」意識の芽生えによって、徐々に「ドイツ・ナショナリズム」が確立されていく。これが1914年の第一次世界大戦を支持する民衆の精神的土壌となったのである。そんな中で設立されたドイツ国立図書館は、いわばこの時代の風潮の必然であったかもしれない。

このライプツィヒのドイツ国立図書館だが、ナチ第三帝国時代には検閲の重要な拠点となり、「ドイツ的」書籍を称揚する役割を担った。第二次世界大戦後には、ライプツィヒは東ドイツ都市となることで、東独の「国立」図書館となった。それに対して西ドイツでは、フランクフルトに国立図書館が建設された。このふたつの図書館が、ドイツ統一後に「ドイツ国立図書館」として一体化した。

まさに、ドイツの「国のカタチ」とナショナルな知の蓄積はパラレルな関係にあり、図書館の歴史をみるだけでも、それが象徴されているのである。

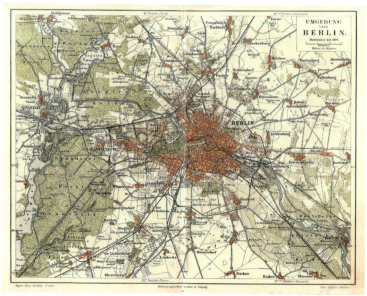

ベルリンの地図（1885年）

✠帝都ベルリン：軍都か？　文化都市か？

　1701年以降、ベルリンはプロイセン王国の首都であり、その後1871年に成立したドイツ帝国の首都となる。13世紀に「ベルリン」という呼び名が使われた当初は、湿地帯にある小さな都市であった。たとえば、旧西ベルリンの空港があった「テンペルホーフ」が、テンプル騎士団に由来しているように、中世の名残も地名に残る。そして、このプロイセン王国の首都となった後に、啓蒙専制君主として有名なフリードリヒ2世（フリードリヒ大王）時代には、フランスでの宗教迫害から逃れてきた新教徒（ユグノー）たちが多くベルリンに住んでいた。これは、ベルリン市内の地区「モアビット」という地名に名を残すと言われている（諸説あり）。このような歴史を経て、19世紀末に、ベルリンは帝国首都として著しく発展を遂げることとなる。

　ここでは、ベルリンに今もなお残る建造物を紹介しながら、第二帝国時代の面影をそこから読み取っていきたい。1990年の東西ドイツ統一以降に、ふたたび「ドイツの首都」となったベルリンは、現在、政治の中心であり、芸術家も多く住む文化の中心でもある。そんなベルリンは、日本でも最近注目の観光地あるいは滞在地とされている。ベルリンを旅する際には、ぜひ、第二帝国の香りを感じとっていただきたい。

ベルリン大聖堂

ベルリン大聖堂と博物館島

　15世紀頃からこの地には聖堂があったが、第二帝国時代の1905年に、ホーエンツォレルン家（プロイセン王家）の菩提寺として建造されたのが、ベルリン大聖堂である。どっしりとした構えのこの聖堂は、まさに帝政期の威容を誇る建築物だといえる。

　この周辺には、現在、世界遺産に「博物館島」として登録されている様々な博物館が残っている。また、大聖堂の前の広場はルストガルテン（遊歩庭園）と呼ばれ、人びとの憩いの場だ。その北側には「旧博物館」がある。そして今は残っていないが、南側には旧ベルリン王宮が建っていた。

　第二帝国時代は「労働者の時代」だった。そして皇帝が退き帝国が終焉すると、この「帝国の中央広場」には労働者がデモであふれた。1918年末にその様子を目撃し、「労働者」そして「大衆」の力を目の当たりにしたのが、ミュンヘンに向かう途上のアドルフ・ヒトラーだった。彼は政権獲得後に、この広場をナチ党員で埋めつくした。第二次世界大戦後に、この地域が旧東独になると王宮は取り壊され、社会主義の殿堂「共和国宮殿（東ドイツの議会や余暇センター）」が建造された。そしてさらに統一後、21世紀にこの場所は旧王宮を再建し、中には消費の殿堂であるショッピングセンターが入るという。

1900 年頃のヴィルヘルム皇帝記念教会

第二次世界大戦後には戦災教会として保存されている。
(撮影：nhosko)

ヴィルヘルム皇帝記念教会

　ドイツ帝国初代皇帝のヴィルヘルム 1 世の追悼教会で、1895 年 9 月 1 日に落成した。9 月 1 日は、普仏戦争のセダン戦に勝利した日付だ。第二次世界大戦中のベルリンで破壊され、その後、再建するのか戦災記念碑として保存するかの議論が戦わされたが、現在は戦災教会として空襲被害のモニュメントとなっている。なお、1962 年に建築された新教会がすぐそばに立っている。

　時代は遡るが、第一次世界大戦でドイツ帝国が敗れ皇帝が退位すると、反戦博物館にするというアイデアも持ち上がった。これは実現されなかったが、おそらくその時からの連続した印象がこの教会にはつきまとっていたことで、第二次世界大戦後には戦災の象徴とされたと考えることもできよう。

　この教会は、西ドイツ（西ベルリン）の中央駅（ツォー駅）のすぐ近くにあり、まわりにはヨーロッパセンターなどのショッピング施設が建てられることとなった。そして 2016 年のクリスマス・マーケットでのテロの現場ともなったのである。

　右の写真は、第二帝国期に建てられた建築物が多く残るシャミッソー地区である。「シャミッソー界隈」といえば、今ではオシャレ地区で芸術家や若者が好んで住む。この地区の発展も、第二帝国の練兵場（旧テンペルホーフ空港）と不可分に結びついていた[77]。

ルストガルテンから見たベルリン王宮（図像はナチ時代）

ベルリン・シャミッソー広場の周辺。

ベルリン・ホテル・アドロン

ホテル・アドロン

　ベルリン随一の高級ホテルがホテル・アドロン・ケンピンスキーだ。ウンター・デン・リンデン通りがブランデンブルク門に突き当たる部分にそびえ立っている。ここは「パリ広場」と呼ばれ、現在、近くにはアメリカ、フランス、イギリスそしてロシアの大使館もあり、まさにベルリンの一等地に位置するホテルで、各財界の大物や政治家などが宿泊するセレブ・ホテルだ。このホテルは、実業家のローレンツ・アドロンによって、1907年に約400億〜500億円（現在のレートになおした場合）を費やして建設された。

　1850年代頃までは、いわゆる「市民層」のなかでは貧富の差が顕著ではなかった。しかし、飛ぶ鳥を落とす勢いで産業発展を遂げる第二帝国では、市民層内部にも格差が生まれてきた。その中でも工場主や大企業家といった人々が出現し、その資産は王族をも凌ぐ勢いで増大していった。

　そういった上流階級層、いわばハイ・ソサイエティもしくはセレブな人々を満足させる施設として、アドロンは建設されたのである。しかもこの建設は、立地的にも規模的にもアドロンの資本だけでは成功しなかった。そこで、派手好きの皇帝ヴィルヘルム2世の資金援助が必要だったのである。だから、ホテル・アドロンのコンセプトは、できるかぎり華麗で快適、そして上流階級に気に入られるような自由さや放縦さを重視した造りになっている。

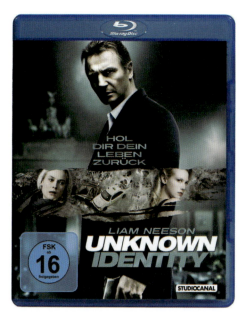

映画『アンノウン』のブルーレイ・パッケージ（ドイツ語題は、Unknown Identity）。アドロンの内装などがセットとして登場する。

　この高級ホテル・アドロンは、戦前までベルリンのシンボルであり続けた。第二次世界大戦中には地下防空壕が建造され、他のホテルが爆撃で破壊されるなかで宿泊客は1944年頃まで増加したという。空襲で一部を破壊されたのち、ベルリンの壁近くに位置したアドロンの建物は東ドイツ時代には、職業学校の寄宿舎などとして利用された。そして1984年に完全に取り壊されたが、統一後には、再び高級ホテルとして営業するために再建され、1997年に営業を再開した。

　再建後も高級ホテルとして名をはせたアドロンは、たとえば2002年に、マイケル・ジャクソンが赤ん坊をホテルの窓から少し出すように報道陣に見せて、「危ない行為」だと批判されたニュースでも知られる。ほかにも、ハリウッド映画『アンノウン』（2011年）では、重要な舞台のひとつとなり、派手に爆破されたりもしている。なお、一泊がおよそ2万5000円から設定されており、現在もベルリンの高級文化の象徴のひとつといえるホテルである。

　ほかにもアドロン・ホテルではベルリン名物カレーヴルスト（カレーソーセージ）も食することができる。いわゆるファーストフードだが、金箔が乗っていて17ユーロ（約2200円）と、こちらもなかなかのお値段設定になっている。

✠ フィルハーモニー：ベルリン市民と楽団のハーモニー

　ドイツといえば「クラシック音楽の国」というイメージを持っている人は多いだろう。バッハやベートーヴェン、ブラームスなど多くの作曲家を生んだ国であり、日本の音楽文化に多大な影響を与えた国である。「音楽の国」だけあって、ドイツ国内には数多くのオーケストラが存在する。その中でもひときわ異彩を放っているのが、ベルリン・フィルハーモニー管弦楽団（ベルリン・フィル）である。世界最高峰オーケストラというブランド、指揮者のフルトヴェングラーやその後のカラヤンの時代に高まった日本での名声と世界的な知名度は、まさにクラシック
　界においてゆるぎない地位にある。だが、そのオーケストラがドイツ帝国時代に設立されていたことはあまり知られていない[78]。
　世界の多くの大都市にはその都市名が付いたオーケストラが存在する。まるで都市の富や繁栄を象徴するかのように、楽団は大都市と切っても切れない関係だ。ベルリン・フィルも、街がまさに大都市へと飛躍する時代に誕生し、紆余曲折を経て、その名を不動のものとした。

現在のベルリン・フィル（撮影：絹川智）

　今や厳しい審査を経て入団したトップレベルの音楽家を揃えるベルリン・フィルであるが、創設当初は意外にも、生活苦から楽団を退団したメンバーで結成されたものであった。ベルリン・フィルが創設される前の楽団は、ワンマン指揮者ベンヤミン・ビルゼ率いる60人男性オーケストラ「ビルゼ楽団」だった。ベルリンにはほかにも宮廷オーケストラがあったが、そこでは伝統的で決まりきった作品ばかりを演奏し、それに飽き足りないベルリン市民は、当時前衛作曲家であったリスト、ワーグナー、チャイコフスキーの曲や誰もが親しめるポピュラー音楽、軍楽など幅広いレパートリーを演奏するビルゼ楽団に足を運んだ。ビルゼのコンサートでは音楽だけでなく、曜日によってはビール、コーヒー、ケーキなどが並べられ、人々の出会いの場にもなったことから「お見合演奏会」とも呼ばれたそうだ。そして音楽愛好家だけでなく、チケットの安さからも家族連れなど多くの市民に愛されていた。演奏する場所は違うが、現在のベルリン・フィル夏の恒例行事「ヴァルトビューネ」が、その名残をどこか伝えている。

　事件は1882年のこと。ビルゼ楽団が市民に親しまれた反面、家族を養い生活している楽団員にとっては賃金が低く労働条件が非常に厳しいものだった。ある日、待遇に不満を訴えたティンパニー奏者を筆頭に次々とビルゼとの契約を拒否し楽団員が辞めていった。そして辞めた55人の団員たちで自主経営の新しい楽団を創ったのだ。それが現在のベル

ローラースケートリングが見事なコンサートホールに変身

リン・フィルである。1882年5月1日に楽団は誕生した。

　スタートは決して順風満帆ではなかった。知名度からすればまだビルゼ楽団のほうがずっと上であり、楽団が軌道にのるまで幾度となく財政難に陥った。この新しい楽団を支え、発展させた立役者はコンサート・エージェント、ヘルマン・ヴォルフである。まず彼は「旧ビルゼ楽団」と呼ばれていた名を、現在の名前であるベルリン・フィルに改めた。そして、彼はすでに流行りの廃れたローラースケート場を使い数々のオペラ公演を成功させていた、その名も「ヴェストエンド劇場」に目をつけ、劇場オーナーと契約し、1882年より「フィルハーモニー・コンサートホール」とした。この頃はまだ現在のようにオーケストラのためのホールが建てられることがごく少なく、既存の大型施設を演奏会用ホールに変えて使用することは珍しくなかったらしい。

　当時ドイツを魅了していたハンス・フォン・ビューローがベルリン・フィル常任指揮者となり楽団がまさに飛躍する頃、ホール内部の改築工事がはじまり、素晴らしい音響と2500人の人数を収容するホールができあがる。後年には2つのホールが新たに建てられ、演奏会が増えるだけでなく若手音楽家デビューの機会も増え、他の大都市に後れをとっていたベルリンの音楽文化は急成長していく。

　ちなみにハンス・フォン・ビューローは、日本でお馴染みの作曲家バッハ、ベートーヴェン、ブラームスの総称「ドイツ3大B」の名付け親であり、ベートーヴェンやブラームスの交響曲をインパクトある指揮法と独特のスタイルで、良い意味でも悪い意味でもベルリンを沸かせた人物である。現在のフィルハーモニーからほど近いベルンブルガー通りに旧フィルハーモニー跡地があるが、地面には「旧フィルハーモニーに通じる道」という石碑

が埋め込まれているのみである。周りはアパートや学生寮などが建ち並んでおり、びっくりするほどに当時の華々しい面影を残すものは何もないが、この地を出発点として今のベルリンフィルがあることは、記憶にとどめておきたい。

　このホールでは1944年の空襲で焼失するまでの約60年間、ブラームス、マーラー、ニキシュ、グリーグ、シュトラウス、フルトヴェングラーら錚々たる音楽家が指揮台に立った。ちなみにビューローや前述の指揮者を「常任指揮者」と言い、彼らはシーズンごとに数回指揮し脚光を浴びるが、それ以外の多くの演奏会で指揮していたのは今日無名の指揮者たちである。その中に何人かの女性指揮者が活躍していたことは興味深い。

　ナチス期に入るとベルリン・フィルは自主経営ではなく国営のオーケストラとなり、ナチ党とのつながりを強めていくことになる。ヒトラーの誕生日祝賀会を毎年開きベートーヴェンの第九を演奏したり、ベルリン・オリンピック、ナチ党大会、兵士や国民のための慰問コンサートを頻繁に行うなど、数々の場面でドイツ民族やヒトラー政権を神格化し、美化する「道具」となった事実は今日明らかである。当時常任指揮者であったフルトヴェングラーは戦後にその戦争責任を問われることになる。数々の映画で伝えられているように、この時代のベルリン・フィルほど「政治と音楽」のつながりを象徴的に表しているものはないかもしれない。しかし、彼が政治の枠を超えて多くの人々の心を深く魅了したことも事実で、彼については現在でも賛否両論がある。

　そして第二次大戦が終わり、ドイツが分断された後に、新しいベルリン・フィルの象徴「カラヤン・サーカス」が生まれるのである。（特別寄稿：藤井稲）

旅行業：パッケージ・ツアーの始まり

　19世紀の半ば以前では、今でいう休暇目的の「旅行」ができる人間は非常に少なかった。主にイギリスを中心とした王侯貴族の子弟がイタリアなどに遊学しに行くという「グランド・ツアー」、そして宗教的な「巡礼」、職人など限られた人びとによる「遍歴修行」はあったが限定的なものだった[79]。

　そして、18世紀後半から19世紀のはじめにかけて、経済的に余裕のある市民層が生まれ、さらに民族の歴史を見直し「再発見」しようとするロマン主義の影響によりドイツ国内の史跡への関心が高まり、多くの市民がドイツを旅行するようになった。とはいえ、現在の旅行のような旅行業が確立するのはドイツ帝国の創設以降、鉄道網が完成し、インフラとして体系化される19世紀終わりから20世紀初めにかけての時期である（→【鉄道旅行】）。

　より広い社会階層の人々のあいだで旅行への需要が高まると共に、旅行に関わることを専門的に取り扱う旅行業者が現れた。その嚆矢として、英国のトーマス・クックがよく知られている。1845年に事業を立ち上げたクックは、人々が煩雑な手続きを避け、簡単に旅行ができるようにパッケージ・ツアーを企画、提供した。禁酒運動の支持者であったクックは、禁酒運動家の大会に人々を参加させるために旅行ツアーを思い付いたのであった[80]。居酒屋で酒など飲まずに旅行しよう！というわけだ。はじめパッケージ・ツアーは、反「飲み」ニケーション運動を母体としていた。長大な鉄道路線がドイツに先駆けて展開されていたイギリスでは、それだけクック社のような旅行会社が早い時期に発展し、展開していく素地があった。イギリスとは異なり、19世紀はじめまで多くの邦国に分かれ、各邦国の境界を通過するごとに関税を支払わねばならなかったドイツでは旅行は金のかかることであった。

　こうした状況は1833年のドイツ関税同盟の設立によって、ようやく一部の邦国間での関税が撤廃され、鉄道の建設とともに解消されていく。ドイツでは1863年、まずブレスラウ（現在はポーランドのヴロツワフ）のカール・スタンゲンが旅行業を専門とする会社を興した。スタンゲンはクック社の例にならってエジプト旅行のパッケージ旅行を企画するとともに、1873年には世界周遊旅行（Weltreise）もクック社に先駆けて実施した。これらの旅行業の展開は蒸気船の運行と鉄道網の発展という背景なしには考えられないことであった。19世紀終わりには蒸気船によって、はるか彼方のオーストラリアや日本を旅行し、さらに世界一周することも可能になった。

　これらの旅行を楽しむことができたのは、社会の上流層や裕福な市民層に限られていたが、新しく台頭してきたサラリーマン（ホワイトカラー層）たちにもしだいに旅行が広まっていった。そうした旅行の形態としては、海外旅行のほか、国内の温泉療養、海水浴、避暑、アルプス旅行などを挙げることができる。鉄道というインフラが整備されることによって、人びとはさまざまな場所に行くことができ、多様な観光地・保養地が「創造」されはじめた。

　その一方で、こうしたパッケージ・ツアーに対抗して新たな旅行の形を求める人びとが

若者を中心として生まれてきた。日本にもあるワンダーフォーゲル（ドイツ語でヴァンダーフォーゲル（渡り鳥）という）である。彼らは、近代化にともなって定型化されてしまった旅を、ハイキングを通じて見直そうとした。しかし、一部の熟練労働者を除けば、第二帝国でこうした旅行ができたのは、貴族もしくはブルジョア層が中心であった。貧しい労働者にとってレジャーとしての旅行はまだまだ遠かったのである。

こうした状況が変化するのは、第一次世界大戦以降のことであり、真の大衆旅行がまがりなりにも実現するのは、第三帝国を迎えてのことであった。ナチ党は、民族共同体を作るために、余暇と旅行という手段を積極的に推進した。1933年、政権を掌握したナチ党は、多様な労働組合をドイツ労働戦線という形で強制的同一

旅先のブレーメンから送られたポストカード（1900年頃）

化 (Gleichschaltung) した。この労働戦線の中でも最も大きな組織は、歓喜力行団 (Kraft durch Freude) と呼ばれた余暇・旅行組織であった。この組織は、大衆に手頃な値段でさまざまな余暇活動を提供した。歓喜力行団は労働者に、昔であれば手に届かなかったであろうレジャーとしての旅行のイメージをふりまいた。歓喜力行団の所有する客船での北欧旅行は人びとの関心を惹くのに十分であったし、フェルディナント・ポルシェ博士が設計したフォルクス・ワーゲンは、正式名称として「歓喜力行団車 (KdF-Wagen)」と命名された。ナチスは、このようにさまざまな余暇・旅行活動を宣伝することによって多くの人びとの心を魅了し、ナチ体制を支える柱としたのであった。

現在でも、多くのドイツの年金受給者が北欧クルーズを老後の楽しみとしているし、毎年夏にはバルト海沿岸の海水浴場に多くのドイツ人が訪れる。少し前には「ドイツ人はバカンスのために働く」と言われたことがある。こうした文化は、第二帝国の時期に広がり、そして第三帝国では組織的な宣伝を通じて形作られることになった。

1879年、現在のベルリン中央駅の近くで行われたベルリン商工業博覧会で披露されたジーメンス・ハルスケ社製の世界初の「電車」。

✠ 鉄道旅行：旅皇帝と機関車ヘーゲル

　鉄道路線の発達と高速化によって、人びとはドイツ各地に素早く、そして簡単に移動することが可能となった[81]。この発展を自らの権威と広めるために利用しようとしたのはドイツ皇帝ヴィルヘルム２世であった。1880年から1900年頃にかけて、ケルン大聖堂をはじめとして数多くの巨大建築物がドイツに建設された。こうした巨大建築物の落成式の多くでは政府の高官や貴族の中心にヴィルヘルム２世の姿があった。中世の神聖ローマ帝国皇帝は、一箇所の居城に定住することはなく、各地の居城を転々とし、帝国を統治した。そうした神聖ローマ帝国皇帝のイメージにしたがい、皇帝ヴィルヘルム２世は各地のイベントに姿を現し、各地の統治者、政治家と交流し、皇帝としての姿を一般市民に示そうとした。そのために彼は移動のために頻繁に鉄道を利用した。そのことから彼は人びとから「旅行皇帝」と揶揄されたほどである。

　こうした移動のために皇帝が利用したのが「お召し列車」だ。このお召し列車の皇帝と皇后用の室内は贅が凝らされ、他にそれぞれのお付き用の車両、食堂車、さらに荷物用の車両等が連結され、運行された。ポツダム・サンスーシー新宮殿の近くにある皇帝専用の乗場場が現在でもサンスーシー駅の脇に残されている。皇帝は各国の国賓を迎える際にこうした乗場場を利用した。同時にドイツ各地に皇帝専用駅を作らせ、狩猟や保養に赴いた際に利用した。こうしたことから、権力と威厳を示すため皇帝が鉄道に入れ込んだことが

ベルリン地下鉄が1904年に開業した際に皇帝が乗車したお召し車両。ロイヤルブルーで塗装されている（左図）。ちなみに現在のベルリン地下鉄の色は黄色。これは、3等席の車体が黄色に塗装されたことに由来する（右図）。

毎年、テューリンゲン州マイニンゲンにあるドイツ鉄道蒸気機関車整備工場で行われる鉄道祭に現れた名機プロイセンP8蒸気機関車（Pは一般旅客車輛牽引車輌を示す）。

こちらはハレの鉄道祭に現れたレプリカ「サクソニア」号。ブレーキは手動だ。動輪のスポークが面白い。

垣間見える。

　ヴィルヘルム2世と並んでバイエルンやザクセンの王族、さらにビスマルクも専用のお召し列車を所有していた。とりわけ今日、ニュルンベルクのドイツ鉄道博物館で見ることのできるバイエルン王ルートヴィヒ2世のお召し列車は大きさはヴィルヘルム2世のものとは比較にならないが、その豪華さという点では負けずとも劣らない作りとなっている。ゲルマンの英雄を自らの姿に重ね合わせ、ノイシュヴァンシュタイン城、リンダーホーフ城のような城を建てた王の夢想はこうした列車の装飾からも伺える（→下巻【城】）。

　残念ながら、こうしたお召し車輛は今では博物館の中でしか見られなくなってしまったが、第二帝国の時代の鉄道車輛のいくつかは動態保存され、今でもドイツ各地の鉄道祭で乗ったり、見ることができる。ドイツはホビーと協会文化の盛んな国である。こうした動態保存車輛の多くはボランティアの手によって維持・運行されているのである。ここには彼らの鉄道への愛を感じざるをえない。初期の機関車もドイツ国鉄の支援によってレプリカが製造され、現在ドイツ各地の鉄道祭でお目にかかることができる。鉄道祭は春から秋

旧東ドイツの都市ケムニッツ市で行われた「ザクセンの鉄道王」リヒャルト・ハルトマン生誕200周年記念の行列、機関車の名前は「ヘーゲル」。ドイツでは汽車も哲学者だ。

まで週末を中心に頻繁に行われており、こうした鉄道祭をめぐる旅もいいかもしれない。

大都市の郊外にある工場で製造された機関車はかつては工場から馬によって輸送されていた。十頭を超える馬によって牽引される機関車行列の様子は、あたかもビール祭り、オクトーバーフェストの行列を想起させるものがある。

2009年、ザクセン機械製造会社の創始者であり、かつて「ザクセンの機関車王」と呼ばれたリヒャルト・ハルトマンの生誕200年を祝って、ザクセン州ケムニッツ市でこの機関車行列が再現された。この行列は残念ながら中央駅へと至る坂道の途中で牽引のための棒が破断してしまい失敗となったが、当時の様子を垣間見ることができる。

このように近代化と富の象徴である機関車の製造は、その地域にとって重要なものであった。実際、ヘンシェルをはじめとしてドイツ各地で製造された機関車は世界各地に輸出されていった。これらの機関車の一部は日本にも輸出され、その一部は日本でも見ることができる。例えば、埼玉県大宮市にある鉄道博物館には9856機関車が展示されている。また、旧軽井沢駅には碓氷峠越えを越えるためにドイツの大手電気会社（AEG）が製造し、碓氷峠越えで活躍したラックレール式の10000系電気機関車も展示されている。

機関車を引っ張っていた牽引棒が折れたために、ロシア製のトラックに牽引されているヘーゲル号。

ヴァイマル期の1918年から1923年にかけてケムニッツ・ザクセン機械製造会社で製造された王立ザクセン邦有鉄道XX HV型(ドイツ国営鉄道19型)蒸気機関車。

アルム（アルプスの高原牧草地）にやってきたベルリン人を茶化したポストカード。

✠ 観光地の発明：アルプス旅行

　19世紀後半に、貴族ならびに市民層にとって一般的になりつつあった旅行が「アルプス旅行」だ。つまり、ヨーロッパ中央にまたがるアルプス山脈を中心とする旅行地が生み出された[82]。

　アルプスを代表とする山岳地帯が自然崇拝の対象となり、旅行の対象になるのは18世紀の啓蒙主義の時代が終わりつつあった頃。たとえば、フランスの思想家ルソーは、山脈が放つ自然の荘厳さに感銘し、アルプスに対する崇敬を文学作品の形で表現した。そうした知識人の登山への関心の高揚を背景として、1786年にはモンブランが初めて登頂された。19世紀の半ばにはイギリス人を中心として多くの登山家がアルプスの山を制覇するために訪れた。1865年にはすでにほぼ9割のアルプスの山々が登頂された。ちなみに、「日本アルプス」を命名したのもイギリス人であり、1881年に出版された日本に関する書籍の中で、飛騨・木曽・赤石の三山脈を「日本アルプス」と紹介したことが始まりだと考えられている。勝手に欧州のアルプスに似ているからと名付けたので、よくよく考えれば微妙な来歴だ。

アルプスの山頂で双眼鏡を覗く。妙に巨大な双眼鏡だ……。

　旅行という観点から見たとき、長い間、アルプスと言えばスイスを意味していた。こうした状況に対して「オーストリア・アルプス」がスイス・アルプスに対して観光地として十分に対抗し始めるのは第一次世界大戦後のことである。
　アルプス旅行にとって決定的に重要だったのが、鉄道の建設であった。ドイツ帝国の創建と同年の1871年には、今日でも観光地として著名なスイス・ルツェルン近郊のリギ山にラックレール式の山岳鉄道が初めて建設された。ルツェルン湖の麓フィッツナウから山頂付近のリギ・シュタッフェル駅まで人びとは蒸気機関車が押し上げる客車に乗って山頂付近まで到達することができるようになった。
　1896年にはユングフラウ鉄道の建設が開始され、ヨーロッパ・アルプスの中にトンネルを掘り、アイガーの中を通過し、ユングフラウヨッホまで繋がるアルプスの山岳鉄道の代名詞ともいえるような鉄道路線が1912年8月には全線開通した。鉄道をはじめとする科学技術の助けを借りることによって、人びとは容易にアルプスの山に近づき、そして登ることさえできるようになったのだ。楽なことこの上ないし、逆に弱者にも優しくなったとも言えよう。
　こうしたアルプス旅行を支えたのが、ドイツをはじめとして世界中に作られたアルプス協会である。アルプス協会は1857年にイギリスで結成された。この団体は貴族を中心にして結成された登山者を支援する団体であった。さらに1862年にはオーストリアにアルプス協会が結成され、その後ヨーロッパの各国にアルプス協会が結成された。ドイツでは1869年にアルプス協会が結成され、1873年にはオーストリアの協会と合併してドイツ・

スイス・アルプスの登山鉄道。1898年より運行が開始された。写真はクライネ・シャイデック駅にて。

　オーストリア・アルプス協会が結成された。イギリスのアルプス協会に対してこれらの大陸の団体では、気合いの入った登山者のスポーツ支援団体とは必ずしも考えられておらず、協会メンバーの余暇活動に焦点が置かれていた。1908年にはこのドイツ・オーストリア・アルプス協会は女性を含む8万2000人のメンバーがいた。この団体はドイツやオーストリアの各地に旅行者用の山小屋を作り、1910年頃にはその数は230にも及んでいた。1904年にはスイスでスキー協会が発足し、翌年にはドイツでも同様の協会が結成された。冬のアルプスも旅行の対象になってきたのである。

　当時、広まりつつあった郷土保護運動から大きな影響を受けたこれらの協会では、山岳地帯の新鮮な空気は日常生活で疲れ切った人びとの魂を高貴にし、人びとを内面から自由にしてくれる、と考えられ、宣伝された。同時にアルプス協会の人びとにとってこうした山々が、近代化によって生み出された負の側面の象徴としての大都市と比較して、人間を健康にする場所として考えられた。大都市は人間を破壊し、民族を不健康にしたが、山々の自然は人間を健康にし、民族の力を回復し、強化するとも考えられた。これはまさに『アルプスの少女ハイジ』の背景世界であり、大都市フランクフルトでダウナーな気持ちになったハイジはアルプスに戻ってくると元気を取り戻し、車椅子生活であったクララも歩行し始めてしまうのである。

スイス・リギ鉄道の最初期の蒸気機関車：ルツェルン市近郊にあるリギ鉄道はドイツ帝国創建の年に開業した。1873年製造のこの7号機関車ではボイラーは立てられている。

　こうした見方はアルプス協会だけではなく、ワンダーフォーゲルをはじめとして多くの市民層の旅行運動が免れ得なかった見方であり、20世紀初頭の偏狭なナショナリズムの高まりとともに、ユダヤ人や他人種のメンバーの参加が禁止されるようになっていった。

　また、こうしたアルプス協会には労働者が参加することは難しかった。その背景として、アルプス協会自体が社会主義運動に対して距離を取っていたことに加えて、ドイツの労働者は、アルプス地域に行く鉄道運賃や宿泊費を捻出することが難しかったという事情がある。その一方で、1895年、オーストリアのウィーンで労働者を中心とする「自然の友」運動が結成され、労働者の余暇活動が組織化されるが、当時、労働者は近代的な旅行の恩恵にあずかることはなかなか難しかった。とはいえ、遠くに簡単には行けない庶民も大都市のパノラマや博覧会場でアルプスを疑似体験することができた。

　例を挙げれば、1896年のベルリン・トレプトウで開催された商工業博覧会では、敷地の一角にアルプス・パノラマが建設された。ここで人びとはベルリンにいながらにしてアルプスにいるかのような疑似体験をすることができた。しかし、一般庶民がアルプスを実際に訪れることは容易なことでなかった。こうしてアルプスは憧れの観光地となり、「アルプス旅行」にも一定の憧れが伴うものとなった。

ハルツ山地にある典型的な保養地。第二帝国の時代にはこういったホテルが多く作られた。まるでアニメ映画『風立ちぬ』の世界のようだ。

✠ ゾンマーフリッシェ（避暑・保養）：軽井沢の原型、ここにあり

　「ゾンマーフリッシェ」は避暑や保養と訳すことができる。避暑もドイツ帝国の時代の人びとに親しみのあった旅行形態のひとつであった[83]。避暑は、温泉保養地や海水浴とは異なり、都市の人びとがわりと遠くない避暑地に夏の間滞在するというものであった。ドイツでは避暑という言葉は、1836年に初めて用いられたのが確認されている。1850年代以降、この言葉は一般的となった。さらに1870年代には、裕福な市民層とともに中流層の旅行の言葉として用いられていった。

　裕福な人びとは個人の邸宅を構え、そこで過ごしたが、中流層に属する人びとは避暑地にある住宅の部屋を間借りし、過ごすことが一般的であった。これらの住宅の一部を提供したのは避暑地に住む農民、漁師、もしくは手工業を営む人びとであった。上流階層が訪れる温泉保養地や海水浴場とは異なり、こうした避暑地にはカジノなどの施設は建設されず、どちらかといえば、現在のホームステイやファームステイのはしりといえるようなものであった。

　こうした避暑はすでに20世紀初めのころには週末の遠足とともに庶民に親しまれた旅行であった。人びとは週末に居住する都市を出て、「子供を連れ、野外ボーリングの玉」

現在、保養地にある典型的なドイツの民宿。大抵1階には何かしらの「郷土料理」を提供してくれるレストランがある。

をもって郊外へと遊びに出かけた。こうした遠足に部屋を提供したのが避暑のはじまりであった。

　上流階層を除いて、それまでは旅行といえば男性が個人でするものと考えられていた。しかし、お金をかけずにできる都市郊外の避暑が広まっていくにつれて、人びとは子供を含む家族全員で週末の避暑に出かけるようになっていった。それどころか、バカンスの時期、男性が都市で稼いでいる間に、女性は子供たちとともに避暑地に滞在し、週末だけ男性が家族のもとを訪れるという状況も生まれていった。都市から鉄道を利用して簡単に行くことができる郊外にこうした避暑地が展開するに伴って、避暑地では訪れる人びとのために道が整備され、さらに遊歩道や森林での各種施設、レストランなども整備された。温泉と同様にこうした避暑地・保養地は純粋な意味での療養で訪れる人も多かった。19世紀後半は結核にかかる人びとも多く、こうした保養地は病気療養のために最適であると考えられたのである。とはいえ、レジャー的な要素も増していくのである。

　さらに1898年に宰相ビスマルクが死去すると保養地に多くのビスマルク塔と呼ばれる塔も建設されるようになった（→【ビスマルク】）。避暑地では「自然」という言葉がスローガンになった。大都市への人口の集中が加速的に進行した19世紀後半には大都市の生活は自然に反したものと考えられ、市民は郊外に失われた自然を再発見に出かけた。避

当時の海水浴場では着替えのために馬で牽引する小屋が多く見られた。水着も肌の露出度が低いものであった。

暑地はそれらの人びとに「失われた自然」を与えるように整備されたのである。澄んだ空気、清涼な小川のせせらぎ、鬱蒼とするドイツの森での散歩道、大都市の郊外に作られたこうしたものは自然本来の姿というよりも都市人の嗜好に合わせた口当たりの良い自然であった。

　失われた自然を求めつつも「作られた」自然の中で安住を見いだすという傾向は19世紀後半から20世紀の時期をはじめとして現在のツーリズムにまで続く傾向である。こうした19世紀後半に始まった中流層の旅行に拍車をかけたのが、余暇に関する法的整備であった。ドイツ帝国では1873年3月31日には公務員法が改正され、公務員の一部に関しては「健康の回復を目的とする休暇」に関しては有給休暇を取ることができるようになった。こうした有給休暇制度は次第に新中間層とよばれるホワイトカラー層にも広がっていき、市民層の旅行の広がりに拍車をかけるようになった。とはいえ、労働者にとって旅行はまだ手に届かないものであり、労働者にとって旅行とは雇用主が長期間勤務の報酬として与えるボーナスであった。レジャーとしての旅行はまだ上流階層か中流階層に限られたものであった。

　レジャーとしての旅行が大きく変化するのはナチ政権の誕生によって生まれた歓喜力行団であった。歓喜力行団とナチ期のレジャーについては、「温泉と海水浴場」の項で記しているので、ここでは同じ事は繰り返さない。歓喜力行団による組織的な大衆旅行が行われた一方で、多くの人びとは自分たちで旅行していった。

森の中でギターを弾き、合唱する人々。大衆的なツーリズムへの対抗としてこのように自然の中で過ごすことが理想と考えられた。こうした文化は今でもドイツで根強く残っている。

　また、ナチスはゲルマン人とドイツの森というイメージを結びつけ、積極的に宣伝した。ここでは、旅行の足と第二次世界大戦末期の状況について触れておきたい。歓喜力行団によるフォルクスワーゲンが国民車として宣伝されつつもイメージにとどまった一方で、多くの大衆の足になったのがオートバイであった。オートバイあるいは自転車に補助エンジンをつけた簡易オートバイは1920年代から一般人の足としてすでにドイツに普及しており、早い段階から自家用車が普及したアメリカとは対照的であった。一見すると意外なことに思われるが、第二次世界大戦勃発以降も旅行業は繁盛し、ドイツ軍によるパリ占領以降は、あらたな旅行ブームを迎えた。いわば戦勝ツアーのブームが起きたのである。

　こうした状況が明らかに変わるのは1943年のスターリングラードの戦いの敗北以降のことである。次第に敗色が濃くなる中で、避暑地、保養地の宿泊施設は、純粋な病気や負傷の療養という目的でなければ、滞在できなくなっていった。また、そこでは多くの負傷兵の保養、さらに軍需産業を支えるために東ヨーロッパから徴用された労働者の宿泊施設としても用いられるようになった。

　ドイツ人は現在、非常に旅行が好きな人びとであり、長期休暇の多さも世界随一の国である。それはこうした歴史的背景によって、生まれてきたし、もとを辿れば、第二帝国の時代に行き着くのである。

ワンダーフォーゲル：窮屈な教室を半ズボンで飛び出せ！

ワンダーフォーゲルの発祥の地、ベルリン・シューテークリッツのギムナジウム

日本の大学には、通称「ワンゲル部」と呼ばれる、ワンデリング部やワンダーフォーゲル部があるが、その源流は19世紀末以降のドイツのワンダーフォーゲル運動だ。ワンダーフォーゲルとは「ヴァンデルン（wandern：渡り歩く）」と「フォーゲル（Vogel：鳥）」を合体した言葉で、「渡り鳥」という意味である[84]。

この運動は、1896年ベルリン・シューテークリッツ地区のギムナジウム（日本の高等中学校にあたる）の教師や生徒を中心として開始された。

19世紀になると、いわゆる「学校教育」が確立し、10才から9年制のギムナジウムに通い、大学へ進学するという道筋が定まった[85]。大学に行けるのはエリートに限定され、同世代人口の数パーセントしかギムナジウムに通うことは出来なかった。だが、ギムナジウムは課外活動やスポーツ活動などなく、詰め込み教育や教師による体罰も頻繁に行われていた。例えば、厳しい服装既定や最上級生でも午後6時以降は親の付き添いなしに外出してはならなかったりと、ギムナジウムは「牢獄」と称されることもあった。この辺りについては、萩尾望都の漫画『トーマの心臓』に描き出されているし、1906年にはヘルマン・ヘッセがギムナジウム生活を描いた『車輪の下（で）』を出版している。

こういった事情から学校外の自由な空気の中での遠足は生徒たちにとって大変魅力的に映った。そのため、生徒のワンデリングは急速にドイツ中に広がっていった。「渡り鳥」をしたくなるまでの、詰め込みと体罰とは。想像するだに恐ろしいが……。

このワンダーフォーゲル運動の教師側の中心人物は、外交官を目指してベルリン大学で学んでいたヘルマン・ホフマンだ。彼は、1895年に大学の勉強に必要な技術であると考えられていた速記術を、生活費の足しにするためにシューテークリッツのギムナジウムで教えることになった。ホフマンはその授業の参加者を基にして「ステノグラフィア」という速記術クラブを結成した。既に自分のギムナジウム時代に遠足をした経験を豊富に持っていたホフマンは、この速記クラブの生徒にもハイキングすることの喜びを伝えたかった

のかもしれない。本来ギムナジウムの生徒が結社を作ることは禁止されていた。しかし、校長がホフマンにクラブの結成を許したことは、校長がこの新しい試みに期待し、支援しようとしたことを意味していた。1897年には後にワンダーフォーゲルの指導者となるカール・フィッシャーがこの速記術クラブに参加した。

翌年、彼らはベルリン郊外までワンデリングした。その距離は、片道でおよそ5キロから10キロ位だろうか。

最初期のワンダーフォーゲル。半ズボン・スタイルはまだ確立していない[86]。

その後、このクラブは徐々にハイキングの範囲を広げていく。最初は数日間の旅行であったが、開始から3年後の1899年にはベルリンからバイエルンとボヘミア（現チェコ）への4週間のワンデリングを行なっている。総移動距離数百キロにおよぶ大放浪であり、あまりに範囲を拡大しすぎだし、第一、学業はどうしたのだろうかというツッコミは措いておこう。

そのときの参加人数は28人、この旅の途中で、夏至の祭りをキャンプファイアーで祝った。彼らにとって夏至祭はキリスト教文明よりも以前にあったゲルマンの太陽信仰の儀式であると考えられていた。既存のブルジョワ文化を批判する若者たちは、遠き祖先のゲルマン祭に郷愁の念を抱き、それを再現しようとしたのだ。ワンダーフォーゲルは、物理的な距離だけではなく、時間的な大放浪であったともいえる。

はじめワンダーフォーゲルは男性同盟という男性中心の団体であったが、1907年以降は女性の団体も結成された。また時代が下ると共にキリスト教会系、社会主義系の団体などこうした遠足は広く社会にひろがっていった。（出典：Gert Richter, Die gute alte Zeit in Bilder, München 1974）

ホフマンは、お金さえ持っていれば誰でもできる鉄道旅行や豪華なホテルを批判した。さらに、生徒を勉強でがんじがらめにし監視する学校を批判し、自然の中を自由に歩き回ることを賞賛する。彼にとって重要なことは、産業化のもたらした鉄道旅行から、旅の喜びと自然とのふれあいを再び

ワンダーフォーゲル運動（1930年頃）（連邦文書館：Bild 183-R24553 / CC-BY-SA）

ヒトラー・ユーゲントの下部組織ユングフォルクの画像（1933年）。Sを模したルーン文字「ジグ・ルーネ（勝利のルーン）」の旗をトランペットにつけている。（連邦文書館：Bild 133-151 / CC-BY-SA 3.0）

取り戻すことであった（→【鉄道】）。同時に、彼は生徒が旅を通じてお金の管理を学び、健康管理を学ぶことができると強調し、ワンデリングが人格の陶冶にも役立つと、ギムナジウムの校長や教師を含む生徒の親たちにワンデリングの重要さを訴えた。ホフマンらは野営の際にはテントで寝泊りし、アルコール調理器や薪で煮炊きをするとともに農家に泊まった際には彼らはお礼として学生歌や郷土の歌を歌ったりした。のちに彼らはドイツの民謡を歌うようになり、ギターを持つ姿は彼らのシンボルともなった。

　彼らは自分たちのことを中世の遍歴学生に重ね合わせて見ており、彼らの組織を学生組合に倣って組織化した。ホフマンは大学を卒業し、1900年には、外交官としてトルコのドイツ大使館で勤務することが決まった。そこで、ホフマンはこのワンデリングの組織を、弟子カール・フィッシャーに託した。すでにこの頃には速記クラブには100人ほどのメンバーが所属していた。ホフマンはこの組織をシュテークリッツだけでなく、ドイツ全土に広めようとした。1901年11月には数人の生徒の両親と生徒の代表によってシュテークリッツの市役所にて協会としてワンダーフォーゲルは登記され、ワンダーフォーゲル生徒徒歩旅行委員会が発足した。

　この運動は、急速にドイツ、さらにドイツ語圏の国々へと広がっていった。また、カトリックやプロテスタント、さらに労働者の若者たちの間にもこうしたハイキングは広がっていった。青少年を中心とする運動は、多くの人びとに影響を与え、後に「青年運動」と呼ばれるように「若さ」がキーワードとなっていく。しかし、第二帝国後期、第一次世界大戦の勃発の前には軍国主義的な社会的雰囲気の高まりと共に、こうしたブルジョアの青

ナチ期に結成されたヒトラー・ユーゲント。20世紀初頭に生まれた青年運動は、ナチ期にひとつの団体に強制的に同一化され、ナチ党の指導の下に置かれた。

年運動への参加者の多くが容易に社会の軍事的組織化に容易に飲み込まれることになった。

第一次世界大戦の敗戦後、多くのワンダーフォーゲルの若者たちが、国内外の「敵」に対抗するためにドイツの国境地帯に赴くと共に社会主義系の青年運動と対立していくことになった。ナチ党の政権掌握後、青年運動も組織的にナチ党の関連組織に強制的同一化 (Gleichschaltung) されることになった。大学生ではナチ学生同盟が支配権を握り、青少年団体はヒトラーユーゲントやドイツ女子同盟に吸収された。ヒトラーユーゲントは後の1938年には日本にも訪問し、さらに第二次世界大戦中は武装親衛隊の戦車師団「ヒトラーユーゲント」としても組織され、死闘を繰り広げた。

また、ワンダーフォーゲル運動の中心人物だったカール・フィッシャーは、第一次世界大戦中に青島で捕虜となり、日本の収容所で暮らした経験もある。このことと日本のワンダーフォーゲルの興りとの関係は明らかではないが、1930年代に日独が接近するなかで日本でもワンダーフォーゲルへの関心が高まった。そして第二次世界大戦後には各大学にワンゲル部が結成され、学生たちの自治活動（後に学生運動）とも関わっていくのである。

新鮮、衛生的で、なおかつ持ち運びが便利なソーセージは、ワンダーフォーゲルのお供にもなった。当時の最新の食料生産技術とも結びついた運動であった。

✠ ユースホステル：ユースフルな宿泊施設

　日本では安価に泊まれる宿としてバイカーやバックパッカーの御用達となっているのが、ユースホステルだ[87]。世界中にあるユースホステルは20世紀初頭、ドイツ帝国の西部ルール工業地帯に近いアルテナで小学校教師をしていたリヒャルト・シルマンによって始められた。

　東プロイセンに生まれたシルマンは、小学校で生徒たちと上手くコミュニケーションを取ることができず悩んでいた。そのため、彼は生徒たちと遠足に出かけることによって生徒たちと親しもうとした。

　19世紀から20世紀への世紀転換期のドイツでは大衆的な旅行ブームに対抗してギムナジウム生徒の徒歩旅行、すなわちワンダーフォーゲル運動がベルリン近郊シュテークリッツで生まれ、大都市を離れて自然の中で遠足をすることが青年たちや教育関係者の一部でブームになりつつあった。彼らによって狭く、不健康な小学校の教室を飛び出して、自然の中で郷土を発見し、人格を陶冶することができると考えられたのであった。シルマンの試みは成功し、遠足することによって生徒たちと上手くやっていくことができるようになった。しかし、シルマンの試みが周囲の理解を得ることは難しかった。

　というのも、教室から出て、自然の中で遠足を引率するという行為自体が教師としての専門性に逆行することとして受け取られたからであった。シルマンは、こうした小学校教員や周囲の人びととの反対に対して、遠足のもつ意義を訴えていかねばならなかった。

古城ユースホステル　ニュルンベルク・ユースホステル。外見は古城だが、中身は近代的な作りで快適。

　やがてシルマンは、東プロイセンの小学校からアルテナの小学校に移った。アルテナの学校でもシルマンは遠足をするようになった。アルテナのあるザウアーラント地方（現在、ノルトライン＝ヴェストファーレン州）の郷土保護協会、そして山岳協会のメンバーとなったシルマンは郷土保護協会の雑誌などにユースホステル設置の意義を訴える文章を書いたりした。こうした努力の甲斐もあって、彼の理念に賛同する人びとも出るようになった。アルテナの学校の校長は遠足に対して理解のある人物でシルマンも気兼ねなく、遠足ができるようになった。

　ここでユースホステルの誕生をめぐる逸話がある。1909年、シルマンは学校の生徒たちと一緒に遠足をしていた際に、大雨にあった。雨宿りできる停泊所を見つけようと近くの家の人びとに求めても、断られてしまった。困っていたところ、シルマンは廃校となった小学校の教室に泊まることを思いつき、許可をもらって宿泊、無事に大雨を乗り越えた。シルマンはこの経験からユースホステルの着想を得た、という。この話が嘘か本当かははっきりしないが、ユースホステルの誕生のエピソードとして語り継がれている。こうして、シルマンは生徒が遠足をする際に必要となる宿泊施設の実現と整備に精力を注ぐようになる。同年、彼はアルテナにある廃校を宿泊施設として整備し、利用できるようにした。これが最初のユースホステルの誕生である。ここにはワンダーフォーゲルのメンバーをはじめとして、遠足をする生徒たちや青年たちの多くが利用するようになった。

アルテナ城。こういう「いかにも的」な中世の城がユースホステルとして好まれた。

初期のアルテナ城ユースホステルの部屋。なんとなく中世っぽい。

ベルリン・ノイケルンにあったユースホステル「青年の家」の絵はがき。右にあるのはヒトラーユーゲントの旗。

　小学校教員であったシルマンは、新聞や雑誌の記事で遠足と宿泊施設のもつ教育的意義を訴えることは得意であったが、運営や実務的なことに関しては不得意であった。こうした彼の弱点を補ったのが、工場を経営していたヴィルヘルム・ミュンカーである。シルマンと同じく、ザウアーラント山岳協会のメンバーであり、郷土保護運動の賛同者であったミュンカーはシルマンと意気投合し、ユースホステルの経営、さらに発展のための計画作りを率先しておこなった。

　ミュンカーの協力によってシルマンの試みは、ドイツ全土に広がっていくことになった。ユースホステルは、徒歩で一日で歩ける間隔で設置されることが目標とされた。1911年にはすでに17箇所にユースホステルが作られた。1912年には174箇所に広がり、1913年には301箇所、第一次世界大戦勃発の年1914年には535箇所にまで広がった。

　1912年にはアルテナにある古城にユースホステルは移り、古城ユースホステルとなった。ドイツ初のユースホステルが古城に移ったことはユースホステル運動の持つ一つの側面をよく表している。つまり、過去への郷愁という側面である。この運動は青年の自立心を促し、青年文化の担い手として発展した。ナチ党が政権を獲得する前年の1932年にはドイツ全国で2千を超えるユースホステルが存在しており、約600のユースホステルが専業のユースホステルであった。

　1933年のナチ党による政権獲得は、ドイツのユースホステルの歴史にも大きな影を

ワンダーフォーゲルをはじめとする徒歩旅行では、必ずしも鉄道のようなテクノロジーは避けられていたわけではなく、近代的なテクノロジーが用いられた。ユースホステルもそうしたインフラのひとつであった。

投げかけることになる。ヴァイマル期に存在していた様々な政治的、宗教的傾向を持つ青年運動を、強制的に同一化しようとしたヒトラーユーゲントの指導者バルドゥーア・フォン・シーラッハは、青年の教化の基盤のひとつとして、ユースホステルをも掌握しようとした。

　そして1933年4月12日、現在のザクセン＝アンハルト州のバート・ケーゼンでシーラッハとシルマン、そしてミュンカーたちの話し合いがもたれた。その結果、シルマンはユースホステル協会の会長を退き、名誉職に就くこと、そしてシーラッハが会長になることが決められた。同時に、ユースホステルから共産党系そしてナチ政権に反対する関係者を排除することが合意された。こうしてドイツのユースホステルは、敗戦まで登記結社としては独立しているものの、ナチスの青少年活動を担当するドイツ青年指導部の支配下に置かれることになった。

　第二次世界大戦が始まるまでは、多くのユースホステルが自治体の資金援助やヒトラーユーゲントによる募金活動もあって建設されたという。しかし、新しく巨大なユースホステルが建設される一方で、田舎の小さなユースホステルは閉鎖され、結局、ナチ時代には1700ほどに減少している。

マギーの携帯インスタントスープもまたワンダーフォーゲルやユースホステルなどの若者の旅文化と結びついて販売された。

　ユースホステルは多くのヒトラーユーゲントのメンバーが利用した。一般の利用者にも開かれていたが、次第にヒトラーユーゲントの制服を着た青少年たちによって占められていくのである。
　第二次世界大戦勃発により、ユースホステルは、総力戦体制に組み込まれることになった。戦争が激しくなり、ドイツ各地が空爆される中で、ユースホステルは青少年の軍事教練の場としても用いられるようになり、野戦病院や戦争捕虜の収容施設、または学童疎開の場としても用いられることもあったらしい。ドイツが敗戦を迎える頃には多くのユースホステルが破壊された。第二次世界大戦後、ユースホステルは再建され、現在ではドイツのツーリズムを支えるインフラとなっている。
　ドイツでは戦後もユースホステルの文化が大規模に残り、一人旅のバックパッカー以外にも、「ユース」と名づけられているが年配者も含めて家族で泊まれたり、学生の合宿などでも利用されている。しかし、ユースホステルは基本的には都市中心部から離れた場所にあるので、重いスーツケースなどを持ち運ぶタイプの観光旅行には不向きである。
　日本では、1951年に日本ユースホステル協会が設立され、全国各地にユースホステルが建設されていった。今では、ユースホステルの一大国ともいえる状況となり、主に海外からの旅行客やバイカーなど人気が高く、予約が必要なことも多い。

水着姿の人々。ドイツのモボ・モガ（死語？）と言った感じか。海水浴はブルジョアの余暇として好まれた。特にドイツではバルト海、北海沿いのリゾート地が好まれ、スペインなどで過ごす人も多い。

✠温泉と海水浴：ドイツ式リゾートの発明

　温泉療養は古代から存在していたが、19世紀には温泉の療養というよりも貴族の社交のための温泉旅行という色彩がより強くなっていた。南ドイツのバーデン・バーデンはこうした温泉療養の地としてもっとも著名な場所であろう[88]。

　こうした温泉保養地では、ドイツ帝国創建を前後する時期には各国の王侯貴族を中心とする上流階層が訪問客の核をなしていたが、20世紀はじめになると次第に高級官僚、裕福な市民が訪問客の中心になる一方、上流貴族は一般大衆の中に埋もれることを嫌い、次第にこれらの温泉保養地からは離れていった。ヴィルヘルム2世は、むしろヨット（機帆船）である「ホーエンツォレルン」号で北欧を旅行することを好んだ。こうした、ヴィルヘルム2世の旅行は、後に豪華客船を利用した北欧旅行ブームを引き起こすことになった。現在のドイツでも豪華客船を利用した北欧旅行は、裕福なドイツ人にとって最もポピュラーな旅行のひとつである。

　温泉療養と並んで、人びとにとって親しみがあるのは海水浴である。温泉保養の歴史が古代にまで遡ることができるのに対して、海水浴場が観光地として成立したのは比較的遅い。18世紀半ばまで海岸は自然災害の地として恐れられていた。こうした認識が変わっていくのが18世紀から19世紀にかけてであった。最初に海水浴が旅行の目的として発達したのもイギリスであった。他方、ドイツではイギリスに比べて半世紀ほど遅れた

キール運河を通過中のヴィルヘルム2世お気に入りのヨット（機帆船）「ホーエンツォレルン」号。彼はこれでヨーロッパ中を旅行した。ここではカイザー・ヴィルヘルム運河（キール運河）を通過している。この船は社交にも頻繁に利用され、アメリカ大統領ルーズベルトも乗船している。

1793年、メクレンブルク＝シュヴェリーン公フリードリッヒ・フランツ1世がドベラン・ハイリゲンダムにドイツで最初の海水浴場を建設した。この海辺の保養地は現在でも著名な観光地であり、バート・ドベラン駅からハイリゲンダム駅を経てオストゼーバート・キュールングスボルン・ヴェストに至る保存鉄道モリー鉄道が運行され、夏には多くの観光客が訪れている。2007年には主要国首脳会議（G8）もこの地で開催されている（→【浜のかご】）。

　こうして19世紀半ばまでに北海・バルト海沿岸に26の海水浴場が建設され、1914年にはその数はバルト海沿岸だけでも142箇所にもなった。これらの海水浴場は訪問者の健康促進のためだけではなく、国の財政を立て直すために建設された。メクレンブルク＝シュヴェリーン公国では海水浴場とともにふたつのカジノも建設された。温泉が存在しないプロイセンを含む北海・バルト海沿岸の国々では海水浴場は国の財源にとって重要な土地であった。そこでは、カジノでの遊興や余暇でお金を落としてくれることが期待された。こうして海水浴はより広い人々に開かれたレジャーとなっていった。

　しかし、19世紀終わりから20世紀にかけて、「浜辺の反ユダヤ主義」と呼ばれる現象も巻き起こった。こうして浜辺でのレジャーが大衆化していく一方で、新たな線引きが行われ、排除される人びとが生まれた。このようなユダヤ人の排除は、すでにナチ期に先

バルト海沿いにある典型的なリゾート地。夏にはドイツ人の中では数週間単位で休暇を過ごす人も多い。

行しておこなわれていた。

　ナチスによる政権掌握は、ドイツに大衆レジャーの時代をもたらした。もちろん、レジャーはすでに第二帝国、そしてヴァイマル期にすでに社会の広い層に行き渡っていた。階級対立の解消を唱え、国民組織としてのレジャーを宣伝したのはナチスの大衆組織、歓喜力行団であった。政権掌握後、ナチ政権は労働組合を強制的に統合し、ドイツ労働戦線を結成した。その指導者はロベルト・ライであった。それは歓喜力行団とはその下部組織で、レジャーによって国民を統合しようとした組織である。バルト海に突き出たリューゲン島のプローラには歓喜力行団の保養のために作られた巨大建築物が現在でも残っている。本来ならば、ライはさらに10ほどの巨大宿泊施設を海浜浴場に建設つもりだったという。しかし、再軍備への資源の投入、さらに第二次世界大戦の勃発によってこの計画は実行には移されず、プローラの施設も部分的にしか完成されなかった。

　歓喜力行団は、多くのツアーを安価に国民に提供したが、そのイメージの多くはナチスのプロパガンダによって作られたものでもあった。第二帝国の時代には、客船による北欧クルーズなどは本当に豊かな人びとしかできなかった。しかし、ナチ政権は歓喜力行団船と称する客船を建造し、大衆にレジャーのイメージを植え付けた。これはイメージ戦略としてはかなりの効果があったらしい。しかし、この船に乗れたのはわずか1から2％ほどの人であった。ナチスは階級対立から民族共同体というスローガンを掲げた一方で、こ

保養所プローラ（ナチ時代の写真）

うしたクルーズ船旅行に参加した多くの人びとはナチスのエリート党員であったという。大多数の一般人にとっては依然として週末旅行が中心であったし、またブルジョア層は、大衆的な旅行を嫌い、プローラの施設には行こうとしなかった。そのため、歓喜力行団以外の旅行会社、さらに個人経営の民宿やペンションもナチ期には繁盛したという。

　現在では完全に大衆化し、多くのドイツ人がバカンスの時期に北海やバルト海沿岸に海水浴へと出かける。彼らはそこで２週間から３週間程度貸別荘や短期契約の賃貸住宅を借りて過ごしている。

バカンス中の男女とシュトラントコルプ

✠ 浜のかご：北の海辺の過ごし方

　北ドイツのメクレンブルク＝フォアポンメルン州やシュレスヴィヒ＝ホルシュタイン州は、バルト海や北海に面したリゾート海岸を持つことで知られている。ここで夏に海辺に並ぶのが「シュトラントコルプ」(Strandkorb)だ。直訳すると「浜の籠」。葦を編んで作ったベンチ、あるいは小さな東屋といった方がわかりやすいかもしれない。

　シュトラントコルプを最初に考案したのは、港町ロストックの籠職人ヴィルヘルム・バルテルマンである。きっかけは近くの都市ヴァルネミュンデに滞在していた老婦人の要望だった。彼女は海辺で時間を過ごすのが好きなのに、持病のリュウマチのせいで直射日光や冷たい海風を避けねばならなかった。そこでバルテルマンに、日よけと風よけのついた腰かけを作ってくれるよう依頼したのである。こうして1882年に生まれたのがシュトラントコルプだ。バルテルマンはこれを初め「浜の椅子 (Strandstuhl)」と名づけ、今でいう「海の家」のパラソルのようにレンタルも始めた。

　「まるで洗濯かごを立てたようだ」などと揶揄されることもあったが、シュトラントコルプは海辺のリゾート地で大きな反響を生んだ。19世紀の終わりまでにはクッション、肘かけ、足かけ、折りたたみのサイドテーブル、リクライニング機能などの改良も重ねら

シュトラントコルプとある家族

れていく。大きさも当初の一人用だけでなく、二人掛け、子供用、果ては犬用まで登場した。そして第二帝国の時代に海水浴がレジャーとして庶民の間に根づくのと同時に普及していった（→【温泉と海水浴】）。天候が気まぐれで風の強い北ドイツの浜辺にはもってこいの発明だったのである。

　ちなみにドイツが面している海は、ユトランド半島をはさんで北海とバルト海の二つに分けられるが、それぞれの浜のシュトラントコルプは微妙に形が違う。バルト海沿岸のシュトラントコルプは座席部が揺りかごのように揺れ、全体的に円形のフォルムをしているのに対し、北海のそれは簡素で直線的なのである。これは北海の方が風が強く、気候が厳しいことと関係しているようだ。いずれにせよ、シュトラントコルプは19世紀末〜20世紀を通じてドイツだけでなくデンマークやオランダにも普及し、北海とバルト海沿岸の典型的な風景の一部となっていった。

　シュトラントコルプは今では海岸に限らず、ドイツの一般家庭や喫茶店にも見つけることができる。また生誕125周年にあたる2007年、メクレンブルク＝フォアポンメルン州でG8サミットが開かれた際には、8〜9人掛けの特注シュトラントコルプが作られ、メルケル、サルコジ、ブレアなど当時のG8首脳がそろって腰かけている姿が世界中に流れた。2010年には上海万博にも出品されている。基本的に産業が乏しいメクレンブルク＝フォアポンメルン州にとって、いまやシュトラントコルプは「名産品」として欠かすことのできない存在となっているのである。

1940年、シュトラントコルプで埋め尽くされている北海沿岸の砂浜。時期的に既に第二次大戦が始まっているが、ここからはその影響がまだ見受けられない。

港町キールにて。スターバックスのオリジナル・シュトラントコルプ。バルト海仕様（写真提供：三笠加奈子）

みんなで、しかし、それぞれが異なるパノラマ画像を見ている図。

✠ パノラマ：19世紀の想像力をかき立てた箱

　現在、私たちはテレビやインターネットなどのテクノロジーを通じて、家に居ながらにして世界中の風景を観て愉しむことができる。テレビが発明される前の時代、「ここではないどこか」を見るための技術は、主に写真であったわけだが、その写真を三次元、つまり3Dで見てしまおうという装置が「パノラマ（カイザー・パノラマ）」である。

　この直径15メートルほどの装置は、19世紀後半のドイツの人びとを熱狂させることとなった。実は、写真と動画の中間に位置し、映画の祖先といわれることもある。双眼鏡のような二つの穴から中を覗き込むと、そこには3D画像で街行く人々や街並みが立ち現れる。二枚の写真のズレを利用した「ステレオ写真」だ。それが二分間隔で隣のスライドが回転してくるのである。これは、今から100年も前に、3Dは人々の心を捉えていたのである。

　パノラマを覗き込んだ人々は、自分の行ったことのない世界への旅行をした気分を味わったであろう。現在では、このパノラマを覗き込むと、100年前の時代が再現されているように感じられるので、空間だけではなく時間旅行の装置ともいえるのである。

　その中でももっとも有名なパノラマ館のひとつは、1883年にベルリンで開業した「カイザー・パノラマ館」だ。パノラマは第二帝国時代の人々の「見たい」という欲求を満たす装置であった。写真技術が定着しつつあった時代、世界各地でエキゾチックな写真が人々のもとにもたらされた。しかし、その「風景の獲得」の欲望は同時に、植民地獲得競争で

現在も残るパノラマ(プフォルツハイム市立博物館)

実際にのぞき込んでみた映像

の「土地の獲得」の欲望と結びついていたともいえる。

しかし、この新感覚体験装置「パノラマ」も既に1900年頃には、目新しさを失い、「慣れっこ」になってしまっていたと思想家ヴァルター・ベンヤミンは記している[89]。人は刺激にはすぐに慣れてしまう生き物なのだろう。しかし、逆に21世紀の今、パノラマを覗くと、歴史性を伴った新たな感覚に襲われるのである。現在、ドイツ各地の都市歴史博物館に行けば、パノラマをのぞき込むことができる。たとえば、カイザー・パノラマは、ベルリンにあるメルキッシェス・ムゼウム(辺境伯博物館)やドイツ歴史博物館、また各都市の市立博物館(プフォルツハイムやミュンヘン)などで体験可能だ。

アフリカ植民地：世界帝国ドイツの野望

　19世紀末、世界は「帝国主義の時代」を迎えていた。つまり、その多くが王国もしくは帝国である欧州の列強は、植民地獲得競争に明け暮れていく時代だ。意外かもしれないが、この「帝国」主義の時代に乗り遅れた「帝国」が第二帝国ドイツなのだ。既にフランスとの欧州内での戦争（普仏戦争）で勝利していたビスマルクが宰相を務めるドイツ帝国は、欧州内部での孤立を防ぐ政策とドイツ帝国内部の内政重視の政策を採っていたからである(90)。

　ビスマルク指導の後半に当たる1883年に、ビスマルクは徐々に方針を転換していった。しかし、決定的に対外膨張政策、植民地政策を推し進めたのは、ビスマルク退任後の第二帝国・第三代ドイツ皇帝ヴィルヘルム2世であった。一方では、いわゆるバグダッド鉄道の建設によって、「ベルリン・ビザンティウム（イスタンブル）・バグダッド」を結びつける3B政策。他方では、アフリカや南太平洋、そして中国での植民地獲得政策を、ヴィルヘルム2世親政下のドイツは積極的に進めていくのである。

　ドイツ帝国は、1884年にトーゴ、カメルーン、東部アフリカ、そして南西アフリカを最初の植民地とした。その後、ニューギニアやサモア諸島そして現在の中国の膠州湾地域を植民地もしくは租借地としていく。そして、1884年の植民地獲得から約30年後には、イギリスとフランスに次ぐ世界第三位の植民地保有国へと成り上がるのである。

　その植民地や保護領の確定交渉は、現地の意向など無視して主に大国同士での交渉によって実行されていった。もしくは、土地の支配者に現金を支払うことで買い取っていった(91)。現在のアフリカの地図を見ても分かるが、直線に引かれた国境が認められるのは、この当時の列強による分割の影響である。

　また、ドイツ帝国は植民地競争に乗り遅れたために、上から目線の列強の思考法に従えば、植民地としては比較的「利用価値の低い」場所しか残っていなかった。そこへ入植したドイツ人たちは努力や粘り強さで植民地の価値を高めようとした。

　しかし、やはりそれも現地住民からす

ドイツ帝国旗とアフリカの現地兵士

ドイツ領東アフリカの旗

ドイツ領南西アフリカ

れば、余計なお世話になる場合が多い。その最たるものが、現在のタンザニア周辺で1905年に発生したマジマジ反乱とそれを鎮圧するためのマジマジ戦争である。ドイツ植民地政府から綿花などの生産量を上げるために、過酷な強制労働を課された住民が起こした反乱である。これをドイツ第二帝国は徹底的に弾圧した。

　これらの植民地は、第一次世界大戦での敗北で失うわけだが、ナチ・ドイツ時代にも植民地の夢から覚めることはなかった。ヒトラーはポーランドを「植民化」しようとしたし、アフリカの失われた植民地を取り戻そうとしたのである。そして、過去の植民地への憧憬と再獲得の野望は高まっていった。

ブレーメンの海外博物館（ユーバーゼー博物館）。19世紀末、ドイツ帝国の植民地進出時代に開催された民族や自然誌に関する展示物が保存されている（撮影：Ralf Egbers）。日本の美術品などのコレクションも多く、鳥居が博物館正面入口前に設置。

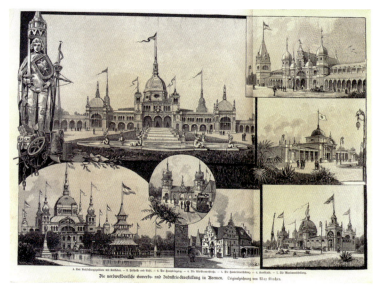

1890年に開催されたブレーメンでの自然・民族展覧会のポストカード。画像右真ん中には日本の国旗を掲げたパヴィリオンも。

ブレーメンにある「反」植民地記念碑。昔はアフリカ植民地獲得の記念碑だった。

東アフリカ・ドイツ領獲得の貢献者である探検家カール・ペータースの切手。第三帝国時代1934年に発行されたもの。

東アフリカの各地に「ドイツ風」の建築物なども建造された。

南西アフリカ植民地の切手

南太平洋の地図（1911年）。オーストラリアの北にある大きな島がニューギニアで、ドイツはその北東部分とビスマルク諸島、さらにソロモン諸島やパラオを領有した。出典：Lexikoneintrag zu »Neuguinea«. Brockhaus Kleines Konversations-Lexikon, 5. Aufl., Band 2. Leipzig 1911, S. 260.

✠ 南太平洋植民地：南の島のドイツ帝国

　毎年バカンスの季節になると、ドイツ人は大挙して南欧や熱帯地域に押しかける[92]。冬の日照時間が短く、曇りがちなドイツで、人々が太陽に思い焦がれることといったら日本人には想像もつかないほどだ。そんなドイツ人の憧れを植民地というかたちで体現していたのが、ニューギニアとサモアをはじめとする南太平洋の領土である。この南国ドイツの歴史は、第二帝国の時代に始まり、第二帝国の時代に終わった。

　もともとドイツは1880年代の半ばまで、国家的事業としての植民地獲得には本腰を入れていなかった。建国まもないドイツ帝国が対外的な野心まで示せば、ヨーロッパの政治バランスを乱し、孤立する恐れが高かったからである。それは宰相ビスマルクの望むところではなかった。そのため、植民事業は主として民間の企業家によって行われ、政府は免状を与えるというかたちでこれを支援してきた。

　こうした背景のもと、南太平洋に関しては1882年に「南海植民協会」が立ち上げられ[93]、まもなく植民事業の免状を得た。そして同協会の主導のもと、既にドイツ人による探検が進められていたニューギニア北東部やビスマルク諸島がドイツ帝国に領有されていくことになる。また1885年には、その間「ニューギニア会社」に名を改めた後継組織に南太平洋植民地の自治権が委ねられた。

　しかし、こうして独立性を得たニューギニア会社は、次第に本国政府に対して反抗的な

態度を示すようになっていく。これに危機感を覚えた政府は、1898年には植民地の自治権を取り戻し、1899年以降はドイツ帝国が国家としてドイツ・ニューギニア植民地を経営することになった。この間ドイツ本国では、ビスマルクの辞任を経て今や「世界政策」が国を挙げて進められるようになっていたから、その一環として本国から総督が派遣され、植民地統治を担うようになったのである。

こうした紆余曲折を経て帝国の一部とされた南太平洋のドイツ植民地だが、経済的な意義があったかというと、かなり疑わしい。アフリカの植民地と比べると極めて規模が小さかったうえ、本国からの遠さを考えると、むしろ「お荷物」ともいえる領土だったのである。

ドイツ領ニューギニアの切手。1899年には郵政上も完全に南太平洋の植民地がドイツ帝国に完全に組み込まれた。

また多くの植民地と同様に、これら南太平洋の領土には風土の問題もあった。例えば1891年にはマラリアが大流行し、ドイツ領ニューギニアの主要な港町フィンシュハーフェンが一時的に放棄されている。また1888年にはリッター島の火山が大噴火を起こして同島の大半が水没し、大津波を引き起こした。その犠牲者は現地民を中心に5000人以上にのぼった。

しかし結局のところ、南国ドイツの歴史は西洋人が持ちこんだ問題によって幕を閉じることになる。第一次世界大戦である。戦争の勃発とほぼ同時に、ドイツはこれら南太平洋の植民地を失った。オーストラリア軍がニューギニア島北東部、ビスマルク諸島、ソロモン諸島を、日本軍がパラオやマーシャル諸島を占領したのである。本国から遠いうえに兵力も少ないドイツ植民地側に勝ち目はなく、戦火が交えられることもほとんどなかった。

その後、ドイツ系の住民はアメリカ経由で本国に送還されるか、イギリスのリヴァプールに設けられた収容所に送られたりした。他方で植民地におけるドイツ人の所有地は、第一次大戦後の1921年に戦勝国に拠って最終的に没収された。それから数年後にはドイツ人の再来が許されるようになり、かつての入植者のなかには再び彼の地に戻った人もいたようである。だが、没収された彼らの土地や財産に対して、戦勝国側から補償が出ることはなかった。

こうした事情から、現在の南太平洋諸国にドイツ人植民者の末裔はほとんどいない。地図を開くと、ビスマルク諸島やウィルヘルム山といった名称にドイツ帝国時代の名残が見受けられる程度である。

ドイツ風建築に中国語。(連邦文書館)

✠ 青島：第二帝国とアジア・日本が邂逅する地

　現在、中国の山東省の青島市(チンタオ)は、20世紀初頭に日本とドイツがお互いの意地をぶつけ合った土地だ。今でもドイツ由来のチンタオビールが知られているし、ドイツ風の街並みも再生され、観光地となっている。19世紀末まで、青島は小さな漁村に過ぎなかったが、青島のある膠州湾一帯が海軍国防上の重要な要所として認識されてからは急速に発展を遂げた。

　1894年に勃発した日清戦争は、日本の勝利に終わったが、その戦後賠償をめぐってロシア帝国、フランス、そしてドイツ帝国が干渉してきたのが、いわゆる三国干渉である。そこで、日本は三国の言い分を渋々飲み、清から割譲された遼東半島を返還した(ただし有償)。

　ドイツ第二帝国は、中国での権益獲得が他の帝国列強から遅れたために、三国干渉で売った恩を使って、この青島一帯である膠州湾を1898年に「租借」したのである。この地をドイツの東アジアの植民地政策の橋頭堡として利用するために、大量のドイツ人移民を送り込み、町並みもドイツ化し、さらには先ほど触れたビールも製造するなどした。そして、青島の港を使っての貿易額は、1901年から第一次世界大戦前年の1913年までに10倍以上となったのである[94]。

ビスマルク山の戦い（1914年）。（連邦文書館）

青島（TSINGTAU）の消印が押された切手。

南米の新ゲルマニア：「兄ニーチャンは死んだ」Byニーチェ妹

エリザベート・フェルスター・ニーチェ

1880年代前半に公刊された『悦ばしき知識』で、「神は死んだ」と書き、ドイツ哲学界に新風を吹き込んだフリードリヒ・ニーチェ。ニーチェの思想は現代日本で受け入れられ、今でもニーチェ関係の書籍が多数売られている。たとえば、『超訳　ニーチェの言葉』やマンガ『ニーチェ先生』などだ。「アスピリン」の項では、頭痛に悩まされたニーチェについて軽く触れたが、ここでは彼のもうひとつの「頭痛の種」だったニーチェ妹について、植民地と絡めて書いてみたい。

ニーチェの妹エリーザベト・フェルスター・ニーチェ（1846-1935年）は、反ユダヤ主義者として有名な夫ベルンハルト・フェルスターとともに、1886年にドイツ人集団を引き連れて南米パラグアイに渡る。そこで二人は、植民地構想「新ゲルマニア」を実現すべく、アーリア人種による新たな村を設立した。この計画は、1889年にベルンハルト・フェルスターが服毒自殺することで頓挫した。その後、エリーザベトが事業を引き継ぎ、1891年には夫の名誉回復のために『ベルンハルト・フェルスターのパラグアイにおける植民地「新ゲルマニア」』を発表したが、その成果は思わしくなく、1893年にドイツに帰還することになる[95]。

彼女がドイツに帰還してから従事したのは、兄ニーチェの作品を資料として整理する作業であった。すでに当時、ニーチェは精神の病を発症していた。そして、しばしば指摘されているように、ニーチェ作品の改ざんと、その後のナチスへの接近と協力などがあった。その接近を示す事実として、彼女の葬儀にはヒトラーも私人として参列したと言われている。

とくにニーチェの『意志の力』の編纂は、恣意的なもので、ナチとの連続性を強調したものであった。しかし、ニーチェ妹が反ユダヤ主義者フェルスターと一緒になることに対して、ニーチェは「愚行」だとして非難していたのである。つまり、『意志の力』は、妹エリーザベトの意志の力が働いて完成した作品だと言っても過言ではない。

エルンスト・ヘッケル

ヘッケル『生物の驚異的な形』より

❋ ヘッケルの『生物の驚異的な形』：進化論の深化と真価

　生きとし生けるもの、それは神の被造物だと考えられていた。それが大きく揺らぐのが19世紀である。とくにチャールズ・ダーウィンの「進化論」は大きな議論を巻き起こした。その進化論を擁護し、ドイツ国内に広めた科学者がエルンスト・ヘッケル(1834-1919年)である。

　ヘッケルは生物学者だが、もっともよく知られている彼の功績は『生物の驚異的な形(原題の直訳は「自然の芸術的造形」)』である。世紀の変わる1899年から1904年にかけて、当時は珍しいとされた生物を100枚のスケッチをまとめた10冊の書籍である。そのなかにはクラゲやウミウシ、カエルやカメなどが描かれており、水生生物以外にもコウモリや蛾などをスケッチしている。「いまだ誰も見たことのない生物」を数多く所収した本書は、その色彩と生物の不思議さを伝えきるリアリズムによって、第二帝国時代の芸術文化にも大きな影響を与えたといわれている。

　このように、神の被造物であった生き物は科学の俎上に載せられ、分析される対象となっていった。たとえば、ウィーンの帝国自然史博物館やベルリンの自然史博物館は、ともに1889年に開館（建造および一般公開）しており、今でも様々なコレクションを見ることができる。もちろん、科学史の転換点としての19世紀を考えるうえでは、これらのコレクションは植民地時代の「探検」と「略奪」と無関係ではないのである。

動物園:「自然」のなかの「都会生活」

　ベルリンがまだ東西に分断されていた頃、西ベルリン最大の駅として栄えたのが「ツォー」である(96)。正しくはツォーロギッシャー・ガルテン（Zoologischer Garten）といい、日本語に訳せば「動物園」。もちろん、ここに動物園があることに由来する名前だ。

　1844 年に開園されたベルリン動物園は、世界で最も古くて大きな動物園の一つに数えられる。現在の広さは付属する水族館や植物園を含めて 35 ヘクタール（たとえば上野動物園は 14.3 ヘクタール）ほどで、収容している動物は約 1500 種 15000 体。年間 300 万人近くの人が訪れる有数の観光スポットでもある。このベルリン動物園が、今に至る人気を確固たるものにしたのが第二帝国の時代だった。

　そもそもヨーロッパの動物園の歴史は、18 世紀の君主たちによる動物コレクションから始まった。たとえばヨーロッパで一番古いウィーン動物園は、ハプスブルク家がシェーンブルン宮殿の敷地の一角に動物を集めたことに端を発している。当時は珍しい動物を集めることが、君主にとって一種のステータスシンボルだった。それが開明的な君主によって一般の人々にも公開され、次第に今のような動物園になっていったわけだ。

　ベルリン動物園の歴史も出発点は同じようなもので、19 世紀初頭、プロイセン王家の動物コレクションから始まった。ただし、はじめに動物が集められた場所はベルリンではなく、ポツダムの王宮近くにある湖の島だった。現在では「孔雀島」と呼ばれるこの島に、その名の通り孔雀をはじめとするエキゾチックな鳥や動物が収集され、それらと外見的に調和するようデザインされた飼育舎も建てられた。既にこの頃から、週の決まった日には一般公開もされていた。

　プロイセン王の動物コレクションがベルリンに移され、現在の動物園の前身となるのは 1840 年代のことである。あるドイツ人の動物学者が、既に 1828 年に開設されていたロンドン動物園を訪れて感銘を受け、ベルリンにも同様の施設を作ることを王に提案した。これを承認した王は、王家の狩猟場「ティーアガルテン」内の敷地と孔雀島の動物を提供する。また、新しい動物園の設計と運営には、それまで孔雀島でノウハウを培ってきた人たちも関わった。

　こうして 1844 年に開園したベルリン

クジャク島のキャプションカール・ブレッヒェン「クジャク島の椰子ハウス」(1832 年)

エジプト風ダチョウの飼育舎（1901年築）。壁画はベルリンの大学に勤める建築史の専門家が監修した。1944年の爆撃で大きな損傷を受けた後、1956年に最終的に撤去された。

　動物園は、現代の動物園のように、研究施設としての役割と教育娯楽施設としての役割を兼ね備える予定だった。それはロンドン動物園が同じ頃に実現していくことでもある。しかし、ベルリン動物園の場合、来園者がはじめのうち少なく、経営が難しくなったこと、またドイツの学術活動はもっぱら大学を拠点に進められたことも重なって、まもなく方針を転換することになる。研究施設としての意義はいったん棚上げし、教育娯楽施設としての側面を強めていくことになったのである。

　そんなわけで、ベルリン動物園では19世紀後半から20世紀初頭にかけて、象をはじめとする見栄えのある動物が積極的に集められた。さらにそれらの動物の原産地を彷彿とさせる、エキゾチックなデザインの飼育舎が軒を連ねていく。たとえば象にはインド風、ダチョウにはエジプト風の荘厳な飼育舎が建てられた。これらの建物のデザインにはベルリン大学の建築史家も携わり、演出に箔をつけた。

　また人々を引き寄せるためには、動物や飼育舎を充実させるだけでなく、動物園全体がエレガントで快適な空間になる必要があると考えられた。そのためベルリン動物園ではコンサートが頻繁に開かれ、レストランやカフェ、子供の遊び場から豪奢な多目的ホールまで、様々な施設が併設されていく。そして夜には花火やイルミネーションが華を添えた。ベルリン動物園は、動物の展示によって「自然」が演出されただけでなく、モダンな「都会の暮らし」が展開される場ともなったのである。

　こうして第二帝国の時代にベルリン名物としての地位を築いていった動物園だが、その後、二つの世界大戦が大きな影を落とすことになる。最初の大戦では園内の増築が中断されただけに留まったが、第二次大戦の空襲と地上戦では動物たちも犠牲になり、ほとんど

インド風にデザインされた象の飼育舎（1873年築）。1943年の爆撃で破壊された後、1954年には都市再建計画の一環で敷地自体が動物園の手を離れた。

来園者でにぎわうロシア風コンサート・パヴィリオン前（1898年築）。新しいパヴィリオン建造のため1925年に撤去。

の飼育舎や施設が破壊されてしまった。第二帝国の時代に建てられた建造物の多くは瓦礫の山と化してしまったのである。

しかし、戦後の資材不足や食糧難にもかかわらず、スタッフの粘り強い再建作業や、餌を持ち寄る市民の協力もあって、動物園は徐々に活気を取り戻していった。1950年代までには、年間の訪問者数も100万人を数えるようになっている[97]。こうしてベルリン動物園は、その後に先鋭化していった東西冷戦も乗り切り、また「象の門」のように部分的な復元も果たしながら、現在までベルリン名物として人々を引き寄せ続けているのである。

動物園に併設された複合施設内の「大理石の間」(1912年築)。下のホールに机と椅子を置いてレストランに使われたほか、映画なども上映された。第二次大戦中の爆撃で複合施設全体が大きな損害を受けたのち、1956年には都市再建計画のためベルリン市に敷地が明け渡された。

ベルリン動物園の東アジア風「象の門」。もともと1899年に建造された門は第二次世界大戦で破壊されたが、1983〜84年に再建された。

ベルリン動物園125周年の記念切手

ハーゲンベック動物園のポストカード。門上の左右には人間が……。

ハーゲンベック動物園にある門。門自体は内部に移され、現在は別の入口が使われている。しかし、現在もなお、人が……。

民族の展示：植民地主義と人間動物園

現在、ドイツ第二の都市として栄えているハンザ都市ハンブルク。第二帝国時代にも、この都市は交易でさらに発展を遂げる。カール・ハーゲンベックは1844年、ちょうどベルリン動物園の開園と同じ年に、北ドイツの港町ハンブルクに生まれた。彼の父は魚の仲買人で、1848年には動物の取り引きもするようになった。ハーゲンベックはこの仕事を1866年に引き継ぎ、ドイツで最大の規模にまで事業拡大することになる。事業の初期において、彼は毎年4～5回に渡って動物捕獲のための遠征隊を組織してアフリカに派遣し、後年には世界中でこれを繰り広げることになる。それはちょうどドイツ帝国が世界規模で植民地獲得に乗り出し始めた時期でもあり、動物の獲得は国家の威信をかけた事業でもあった。またハーゲンベックは世界中の国々に動物を売りつけ、1902年には

ドイツの動物園のあり方に大きな影響を与えたハーゲンベックの生誕＋ベルリン動物園開園（1844年）150周年記念切手。当然ながら観察の対象としての人間は描かれていない……。

1896年ベルリン産業博覧会の全景 (Wikipedia: Berliner Gewerbeausstellung より)

1896年ベルリン産業博覧会の植民地展示の会場 (Wikipedia: Berliner Gewerbeausstellung より)

上野動物園にライオン、ダチョウ、ホッキョクグマなどをもたらしている。

　ハーゲンベックは、「珍しい動物」を展覧するために心血を注いだ。そして、その「珍しい動物」には、人間という「動物」も含まれていたのである。つまり、生きている人間を展示したり彼らによるショーをするという今ではあまり考えられないことが起こっていた。

　ハーゲンベックは、1875年から「エキゾチック」な諸民族の「展示」を行っていく。例えば、北欧のサーミ人を展示し、人びとに彼らの日常生活を紹介した。ハーゲンベックの試みは大成功し、彼はその後さまざまな民族を展示した。ハーゲンベックは世界各地の「動物」捕獲ハンターの助けを借りて、1876年に三人のヌビア人をアフリカからヨーロッパに連れて来ると共に、グリーンランドからはイヌイットの人びとを連れてきて展示した。1883年と1884年にはセイロン島ショーを開催した。

　1907年にはハーゲンベックはハンブルクに動物園をつくった。この動物園は動物を檻に入れることなく、開放的な空間に配置した画期的な動物園であった。とはいえ、その一角には彼の民族ショーを行なうための展示場も建築された。ここではソマリア人やエチオピア人、そしてベドゥインの人びとが展示された。動物が展示され、人びとの目にさらされるのと同様に、世界各地から連れて来られた人びとは、「未開の人びと」としてドイツ人たちの目にさらされることになり、彼らは優越感を持ちながら「未開」の人びとを見物したのである。

　それ以降、現地人を利用したこのようなショーは、ドイツ帝国のいたるところで開催さ

れていく。その多くがハーゲンベック動物園のようなドイツ各都市の動物園の一角で行なわれたが、そうした場所だけではなく、遊園地やサーカスのような場所にも彼らは連れて行かれた。

19世紀は博覧会の世紀であった。1889年にパリで植民地博覧会が開催され、ジャワとニューカレドニアの村落の人びとが、1893年のシカゴでの万博では、ラップランドやジャワ、そして南太平洋の村の人びとが展示された。

こうした列強の植民地獲得競争とその成果の誇示という流れの中で、万国博覧会を誘致できなかったドイツ帝国は1896年に国の威信を賭けて、ベルリン産業博覧会を開催した。ベルリンの東部、トレプトウ公園にある広大な敷地に、多くのパヴィリオンが建設された。最も大きな建物は主にトルコなどでよく見られるビザンティン建築風のドームを持つ中央ホールであった。ここでは、中央ホールの正面に遊覧船が行き交う人工湖が広がり、中央ホールの正面に給水塔とレストランが向かい合って建っている。

会場には化学・光学・写真技術を展示するホール、さらに食品を展示するパヴィリオンなどが見られるとともに、古いベルリンの町並みを再現した施設、巨大な天体望遠鏡、海軍の軍拡の時代を反映した戦艦の実物大模型、「カイロ」と呼ばれたエジプトの町並みを模倣した地区など、様々なアトラクションが提供され、その様子は現在の遊園地のようであった。訪問者はこれらのパヴィリオンやアトラクションを体験することによって、ドイツ帝国のさまざまな技術の発展、ドイツ帝国各地の様子を知ることができたのである。そしてその一角にドイツ植民地展覧会も開かれていた。

ドイツ帝国は、1884年にカメルーン、トーゴ、さらに西南アフリカ、翌年には現在のタンザニア、ルワンダ、そしてブルンジからなるドイツ領東アフリカ、さらに現在のパプア・ニューギニアを支配下におさめた。こうしたドイツ帝国による植民地政策を宣伝するために、博覧会の場も利用されたのである。ここでは植民地からさまざまな物品が集められ、植民地の人びとも展示された。

ヴァイマル期には、このエキゾチックな見世物はラジオや他の娯楽の影に隠れ、第二帝国の時ほどは人気を醸すものではなくなった。その背景として、やはり第一次世界大戦の敗北による植民地の損失という現実があった。

さらにナチ時代になると、有色人種を公共の場に登場させること自体が問題とされるようになる。つまり、アーリア人を優れた人種とみなし、有色人種を劣等なものと見なす人種主義を国家の基礎となるイデオロギーとしたナチスは、「アーリア人」が「劣等人種」によるショーを見物する構図を問題視するのである。こうして1940年には終焉を迎えるのである。

1896年に第二帝国が威信を賭けて開催したベルリン産業博覧会の会場は、現在どうなっているだろうか。博覧会が終わった後、会場の全てのパヴィリオンは取り壊され、池も埋め立てられ、そこは巨大な公園となった。その後、第二次大戦でドイツは敗戦を迎え、この場所にはソヴィエト軍の戦死者を追悼する巨大な追悼記念碑が建てられた。つまり当時の華やかな博覧会場は、現在は皮肉にも冷戦時代の記憶の場と化したのである。

✠ ドイツ色に染まる日本？：皇国日本と帝国ドイツ

現在の旧司法省の建物

　日本と「ドイツ」の公式な付き合いがはじまるのは、第二帝国が成立する10年前の1861年1月24日の「日普条約」条約によってである。「日独友好」と書かれることが多いが、実際には「日独」ではなく、あくまで「日普」、つまり日本とプロイセンとのあいだの条約であった。その後、1871年にプロイセンがドイツ帝国の主導権を握っていくことから、これを日独の友好条約のはじまりとしているのだ。この条約締結後、実際にドイツ（プロイセン）と日本は、お互いの友好関係を築いていくことになる。

　1879年に外務卿に就任した井上馨は、1886年に開催（1884年に予定されていたが延期された）されることになる西洋諸国との条約改正会議に向けて、日本の首都・東京を西欧化し、ヨーロッパ諸国と「対等」な立場にあることをアピールしようと考える。

　その手はじめに建設されたのが、かのコンドル設計の国際社交場としての鹿鳴館であった。その後、井上たちの計画は、現在の霞が関一体の公官庁建造物へと移行していく。これらの場所の都市計画は、当初、ベルリン在住の建築家ヘルマン・エンデとヴィルヘルム・ベックマンの事務所に依頼されていた。これは、親独家の井上馨とドイツ貴族の娘を妻としていた青木周蔵などの影響だと言われている。ベックマンは、ベルリン・ドイツ銀行（元はユニオン・バンクの建物）やベルリン動物園の様々な建造物を手がけたことでも知られる著名な建築家であった。

　ベックマンの都市プランは「フォールム・ヤパーヌム」と呼ばれ、各庁舎の間に緑地帯

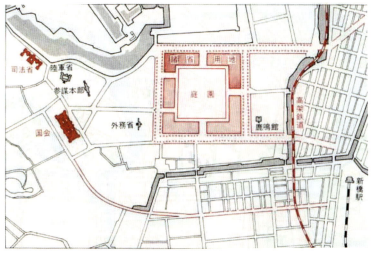

藤森照信『明治の東京計画』より

を設け、余裕のある都市計画を考えていた。この計画は、日比谷に大博覧会場を設け、その中に「日本大通り」を作り、そこから「天皇大通り」「皇后大通り」「国会大通り」、そして「ヨーロッパ大通り」を延ばすという計画であった。しかし、この計画は頓挫してしまう。第一に予算の面から不可能な額だった。加えて、井上馨が条約改正交渉を国内外でうまくコントロールすることができずに窮地に追い込まれたことと、日本固有の伝統を重視する政策へと変更されたことが関係している[98]。

　エンデとベックマンの司法省などの建築計画も、当初は明治政府から不採用とされた。その理由は、彼らが日本の建築や文化に影響されてしまい、屋根などを瓦にするなど「日本的すぎる」という理由からであった[99]。あるいは、西洋を志向する日本側と、日本に対するエキゾティズム（ジャポニズム）から新たな建築の可能性を見てしまった西洋建築家のすれ違いだとも考えられる。お互いの西洋観・東洋観が交差する皮肉な結果となった。ただし、ベックマンが1886年に書き残している日記をひもとけば、京都や日光などを旅し、多くの日本の建造物を見学している[100]。とくに名古屋城は「有力な大名（Daimio）の城」だと紹介されている。このことから、権力者の住まう建物を「日本の城」風にするように「気遣った」のも不思議ではないのである。

　実際には、ベックマンの計画は縮小され、そのほとんどが実現されなかったが、大審院や司法省などが陽の目をみることとなった。大審院は現存していないが、司法省（法務省）

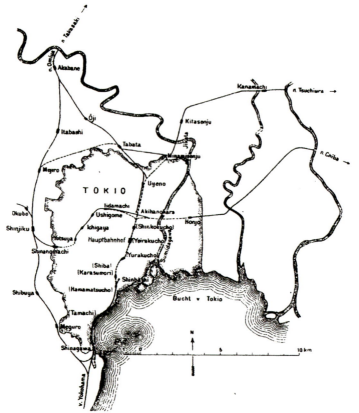

バルツァーの東京鉄道網計画（1900年頃）。「秋葉の原（あきはのはら）」、つまり現在の秋葉原で交差する鉄道敷設を予定していた。これは現在、総武線と山手線の交差で実現している。

の建造物は、現在の法務省総合研究所・法務図書館・法務資料展示室として利用されている。また、東京駅周辺をはじめとして全国各地で明治期以降、レンガ造りの建造物が建てられているが、これはベックマンが日本のレンガ工場の近代化を進めた影響がある[101]。

さて、話を日本の鉄道とドイツとの関係に移そう。1898年に日本にやってきたお雇い外国人フランツ・バルツァーは、東京の鉄道網の建設計画に携わることとなった。とくに前任のヘルマン・ルムシュッテルの時代から、東京駅を建造し、同駅を中心とする東京鉄道網の建造は最重要だとされていた。

ヨーロッパの近代化の波のなかで失敗も経験しているバルツァーたちは、日本の鉄道事業にもその反省を活かそうとした。たとえば、一点集中型の鉄道網を建造するのではなく

ボツになったバルツァーの東京駅の計画図

「主要都市は鉄道網の結節点として栄えるべき」であるとしていた。ほかにも「奇妙なことに、独自の日本古来の建築を理解したうえでの再興や現代の必要性に応じたアレンジには、いままでまったく関心がなかったようである」と批判している。つまり「異邦人」だった彼らの方が、冷静に、そして長期的視野に立って日本の鉄道や都市計画について考えられていた側面もあったということである。これらの理念は残念なことに実現されているとは言いがたい。

　つまり、バルツァーの計画の全てが実現されたわけではないのである。とくに前述のベックマンと同様に、バルツァーは「日本風」を強調しすぎであると捉えられた。先述のバルツァーの言葉にあるように、当時の「西洋化」をはかりたい政府役人の思惑とは異なったものとなった。これは皮肉な意見の相違だといえよう。つまり、日本は西洋を志向し、西洋は日本の旧来の伝統を評価していたということなのだ。結果的に、東京駅は日本人建築家によって建造されるが、その議論を喚起したり、建造の基盤を築いたりしたのは、バルツァーたち、ドイツ第二帝国からの使者だったのである。東京駅などの計画の基礎を築いたのはバルツァーだと言ってもよいだろう。

✠ 第三帝国の少年像：ヒトラー最初の12年間

アドルフ・ヒトラー（1889年生まれ）、1889〜90年（推定）に撮影された写真。（連邦文書館：183-1989-0322-506 / CC-BY-SA 3.0）

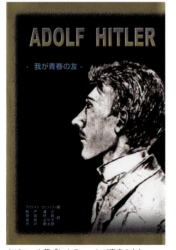

クビツェク著『ヒトラー　わが青春の友』

　アドルフ・ヒトラーは、フランス革命から100年後の1889年にオーストリアの国境都市ブラウナウで生まれた。ヒトラー自身も、このフランス革命勃発の年と自分の生年との偶然の運命を重視していた。

　自らの血縁関係についてほとんど語ることのなかったヒトラーは、自分の過去にまつわる多くの痕跡を徹底的に削除した[102]。これは親族・家族の色を自分の周りから消して、ドイツ人のために奉仕する総統ヒトラーというイメージ作りのためにも使用された。また、第二次世界大戦後はヒトラーの親族が住む地域では、この事実はタブーとされたのである。また、ヒトラーの異母兄アロイス・ヒトラー・ジュニアは、第二次世界大戦後には「ヒラー」と姓を変えて生活した。その息子、つまりアドルフ・ヒトラーの甥であるウィリアム・パトリック・ヒトラーは、イギリスからアメリカに渡り、アメリカ海軍に所属して第二次世界大戦を戦った。

　ヒトラー自身には、自分にユダヤ系の血が混じっているのではないかという恐れもあった。1930年代前半にそのようなウワサの流通に加担したのが、甥のウィリアムでもあった。ただし実際には、そのような血族は見いだされることはなかったが、反ユダヤ主義を掲げるナチ政権にとって根底をくつがえすような情報足りえたのである。なお、これをテーマ化してフィクションとして完成させた作品が、手塚治虫のマンガ『アドルフに告ぐ』である。そして現在もこのような「ゴシップ」が語られることもあり、その魅力は消え失せていない。

ブラウナウに残るヒトラーの生家。家の前には、強制収容所マウトハウゼンの石から作られた記念碑が設置されている。

　また、ヒトラーは、第二帝国時代にはパッサウ、リンツ、ウィーンそしてミュンヘンにも住んだ経験がある（→【バイエルン王国】）。ミュンヘンの街並みに感動したヒトラーだが、彼は生誕地のブラウナウにもこだわりを持っていた。つまり、ドイツ帝国とオーストリア＝ハンガリー二重君主国の国境沿いという境界地域に生まれた意味をとりわけ重視していたし、それだからこそ、「ドイツ性」にもこだわりを持つようになったのである。とくに「オーストリア・ドイツ人」、つまりドイツ系の人びととチェコやその他の「民族」での共存か対立かで揺れていたオーストリア＝ハンガリー二重君主国の政策を手厳しく非難している。この非難は、ヒトラーの演説などで「ドイツ民族」を強調するための一根拠とされた。

　ブラウナウの生家は、ナチ時代とくに「オーストリア併合」後には総統誕生の家として資料館が置かれ、一種の聖地となった。第二次世界大戦後は、アメリカ軍に接収され、ヒトラーが生まれた家では強制収容所の展示が開催された。その後、本屋や障害者の労働する工場となったりと施設の利用法は変転を遂げていくが、やはりヒトラーの生地ということもあり、ナチ・シンパの聖地巡礼先にもなってしまう。そこで、ナチ時代の強制収容所などの歴史を想起させる記念碑を建造するなどして対処した。現在も「ナチの聖地」として訪問する人は存在している。だから、この建物の将来の利用方法については現在もなお様々な議論が飛び交っている。

✠ 第三帝国の少年像：ゲッベルスと映画の時代

ヨーゼフ・ゲッベルス（1897年生まれ）

ゲッベルスの若きころ

1897年に、ライン河近くのライトという人口3万人の街に生まれたのが、ヨーゼフ・ゲッベルスである(103)。父親はこの工場町で織物工場の業務支配人をしていた。いわば、小市民階級の出であり、努力次第では中産階級に手が届くあたりの家庭だったといって差し支えないだろう。

もともと病気がちだったが、10歳のときの病気によって右足が麻痺してしまう。暗い青少年時代を強いることになる肉体的なハンディキャップを知的優位によって埋めるために、ゲッベルスは猛勉強をしたという。ナチ時代には宣伝大臣として名を馳せるが、博士号をもつ彼はナチ宣伝の中心的役割を、その文章能力によって担っていった。そして、彼のアドルフ・ヒトラーに対する最初の印象も「半ば無教養」と述べるほどで、自らの教養を自負していた。

ゲッベルスもまた、20歳あたりまでの多感な時期を第二帝国で過ごした。とくに1914年の第一次世界大戦開戦は、日頃に英雄物語や神話などを耽読していたゲッベルスにも大きな影響を与えた。彼は身体のハンディキャップにも関わらず兵士として志願し、兵役検査を受けた。ただしもちろん、結果は「不適格」とされた。

ほかにも、ヴァイマル期にかけて実に5年間のうちで8つの大学でゲッベルスは学んだ。「何を本気で学んだらいいのだろう？」、「なんでも手を出してみたい。だがなんにもやる気がしない」という現代日本でもよく聞くような言葉を、ゲッベルスは書き残している。このような言葉は生活に少しでも余裕があるか、あるいは「精神的

ライトにあるゲッベルスの生家。(写真中央の黄緑色の家)

な宿なし」を生む状況になっていないと吐き出されるものではない。ここにも、第二帝政下のドイツ社会との関係がみられる。決して豊ではなかったゲッベルス家にこのようなことを可能にさせたのは、第二帝国の経済的な伸長であった。しかし、第一次世界大戦後のハイパーインフレーションは、ゲッベルスを再び貧しい「どん底」に突き落とした。つまり、第一次世界大戦への「あこがれ」、従軍できなかった経験、そして敗戦後の「どん底」がゲッベルスの青春を刻みつけていったのである。

　ゲッベルスといえば、ナチ時代には宣伝大臣として映画や演劇などを統制・検閲しながら支配力を行使した人物として知られている。そして、ゲッベルスの青春時代はドイツ帝国内で映画などのメディアが急速に発展した時期でもあった。映画といえばアメリカのトーマス・エジソンやフランスのリュミエール兄弟が有名だが、実はドイツではスクラダノフスキ兄弟の名が知られている。彼らは、1895年7月にベルリンで映画の公開上映をしている。リュミエール兄弟は1895年12月に上映をしているので、公衆での上映ではスクラダノフスキ兄弟の方が先んじているといえる。

　ドイツ帝国で映画は、第一次世界大戦の国内の戦意鼓舞のために用いられた。これはヴァイマル期文化で『メトロポリス』などの映画文化が花開いたこととも関係している。その時代に生きたゲッベルスは映画(映像)のもつ魅力と魔力を強く認識していたといえよう。

✠ 第三帝国の少年像：ゲーリングと騎士へのあこがれ

ヘルマン・ゲーリング（1893年生まれ）、1907年、14才頃の写真（連邦文書館_183-R25668_Hermann_Göring）

空軍時代のゲーリング

ゲーリングは、1893年にバイエルン王国で生まれた。父は法律家で外交官であり、ビスマルク時代後期にはドイツ領南西アフリカ（現ナミビア）の植民地行政官を務めた人物だった。ナチ幹部のなかでは一番のエリートの出身だといえる。

赤ん坊だったゲーリングが洗礼を受けた際の代父は、ヘルマン・エーペンシュタインというオーストリアの医師であり、騎士の称号をもつ人物であった。実はユダヤ系の血を引く人物であり、そんなエーペンシュタインとゲーリングの関係が深いことは歴史の皮肉といわざるをえない。たとえば、ヘルマン・ゲーリングのファーストネームの「ヘルマン」は、エーペンシュタインに因んだものである。また、エーペンシュタインは騎士の称号をもつ富豪で、ゲーリング一家を自分の所有する城に住まわせたりしていた。そこで、少年時代のゲーリングは騎士的な世界へのあこがれを抱き、第一次世界大戦には空の騎士、つまり飛行機パイロットとして従軍し、戦果を上げることになる。

また、エーペンシュタインの影響を別に受けたとされるのが、ヘルマン・ゲーリングの弟アルベルト・ゲーリングである。弟は、ナチ時代に反ナチの姿勢をとり、ユダヤ人などの迫害者を救助したことで知られている。アルベルトは、「善きゲーリング」などと呼ばれることもあるが、ユダヤ人の血を引くエーペンシュタインの影響が、兄とは別方向に出た例だといえるだろう。また、実は、アルベルトはエーペンシュタインの子だという説もある。しかし、これに

ゲーリング一家が一時期住んだヴェルデンシュタイン城。少年ゲーリングが中世的な世界観に憧れを抱くようになった原因のひとつだと言われる。

関して研究者は、否定的に考えている場合が多い。

　他のナチ幹部と同様にゲーリングにとっても、第一次世界大戦は重大な人生の転換期となった。とくにゲーリングの場合、「後のキャリア」という意味で重要であった。彼は士官学校で学んだことから、第一次世界大戦には士官として従軍し、すぐに航空隊に移籍した。さらにパイロットとして活躍し、エースと呼ばれるまでに上りつめることで名声を得た。つまり、最後の「騎士道」を示す場だとされた空の戦場を選んだのだ（→下巻【航空兵器】）。このように、ゲーリングもまた、第二帝国時代の科学的発展とともに経歴を作りあげていった人物だった。

　そして、この従軍経験とエリートの出自から、彼はナチ党への入党後には元貴族とのコネクションを利用することができた。さらに、ナチ時代には航空大臣を務めることとなるのであった。

第三帝国の少年像：ヒムラーとカトリックの敬虔さ

ハインリヒ・ヒムラー（1900年生まれ）。1907年、7才頃の写真。

　ナチス時代に親衛隊の指導者と警察長官となるハインリヒ・ヒムラーは、1900年のミュンヘンに生まれた。父親はバイエルン皇太子の家庭教師を務めたこともあるギムナジウム教師であった。ヒムラーのファーストネーム「ハインリヒ」は、バイエルン皇太子ハインリヒから授かっている。ヒムラーの父は、ドイツ第二帝国の時代のなかで出世を果たしてきた。それまでは貴族などの家系ではないと就くことができない職にまで立身出世を遂げたのである[104]。

　谷喬夫『ヒムラーとヒトラー　氷のユートピア』によれば、「ヒトラーを取り巻いた側近たちのうちで、ハインリヒ・ヒムラーはおそらくもっとも人間的な魅力に乏しい人物」だとされている。

　ヒムラーはナチ党では、親衛隊指導者そして警察長官も務めることになる。また、ナチ内のオカルティズム的な思想を支えた人物でもあった（→下巻【ヴェーヴェルスブルク】）。彼が、第二帝国時代にその思想を培ったかどうかは分からないが、やはり第一次世界大戦には積極的に参加しようと志した人物だった。しかし、視力や若さから、結果的に前線に立つことはなかった。前線を志願しつつ、そこに立つことがないという経験は、若いナチ党員たちにとっては重要な精神的な意味をもったのかもしれない。つまり、一種の「後ろめたさ」を感じ、同時に戦場の「現実」を知らない世代が生みだされたということである。

第二帝国から第三帝国へ……

　アドルフ・ヒトラーの生まれた年は、それは「三皇帝の年」と呼ばれた1888年の翌年に当たる。つまり、1889年は、ドイツ最後の皇帝ヴィルヘルム2世の治世がはじまる時期にあたる。その後、ドイツ帝国は世界政策を進めていくことになる。そして、ヒトラーの生まれたオーストリア＝ハンガリー二重君主国は、19世紀後半には凋落と混乱を深めていった。1889年には、皇太子ルドルフが自殺し、国内では各民族の権利要求が高まっていった。ドイツ帝国とオーストリア＝ハンガリーのふたつのドイツ人が住まう国家の政治は、ヒトラーの人生に大きく作用した。

　18世紀から19世紀にかけての「国家、国民」という意識の芽生え、そして工業化後の労働者人口そして都市人口の増大を背景に、「社会」に対する意識が高まってきた。そして同時期に盛り上がったナショナリズム（国民主義、国家主義）と社会主義というふたつの運動が、ヒトラーが総統にまで上り詰めた運動とまた深く関係する。つまり、まさにナショナリズムと社会主義の融合体である「国民社会主義」ドイツ労働者党に体現されているのだ。

　たとえば、第一次世界大戦後で爆発したナショナリズムのうねり、そして、19世紀以来の反ブルジョワを掲げ、革命を求めた「大衆」の社会主義運動が、ロシア革命を契機にヴァイマル期にも、その影響力を誇っていたことである。第一次世界大戦は、ヒトラーとゲーリングが従軍し、ゲッベルスやヒムラーが従軍しようとした戦争であった。それぞれの思惑や状況は違えども、第一次世界大戦とその敗北、そしてハイパーインフレーションなどが彼らの人生に与えた影響は絶大であった。

　宣伝相ゲッベルスが1925年に書いた『国民社会主義者入門（原題：Das kleine abc des Nationalsozialisten. Freiheit und Brot!』の言葉を引用しておこう。

　民族（フォルク）の問題は国民（ナツィオーン）の問題だ。（略）本当に国家的な人間は社会主義的に考える。そして本当の社会主義者は最良の国家主義者だ！

　ここに19世紀に形成されていった「国民」という概念に、「民族」を重ねあわせたナチ党の本質が表現されている。この後、ゲッベルスは同書でユダヤ人のメディア支配を糾弾し、ドイツ人が新聞の書き手となるべきであると激しく述べている。

　またすでにお気づきの読者もおられるかもしれないが、ゲーリングを除いてヒトラーなどの第三帝国の指導者たちは、親世代で立身出世をしたか、あるいは出世を目指していたことが分かる。第二帝国時代の「社会の流動性」は、下層階級の人びとの「出世」を可能にした。そして下層・中層などを横断的に経験していた若者たちが、第三帝国では活躍した。つまり、第二帝国の次の「帝国」として登場する第三帝国は、第二帝国時代に醸成されていた精神的ムードを存分に浴びた若者たちが建国した、皇帝なき「帝国」だったのである。

✠ 『第二帝国』を知るための年表

1789年	フランス革命が起こる。
1806年	神聖ローマ帝国の終焉。
1806年	ナポレオンによってプロイセン軍が壊滅的打撃を受ける(イエナ・アウエルシュタットの戦い)。
1807年	ティルジット和約でプロイセンはフランスに領土を割譲。
1813年	ロシア・オーストリア・プロイセン・スウェーデン連合軍がフランス軍を破る(諸国民の戦い)。
1815年	ウィーン会議が開催される。いわゆるウィーン体制の成立。
1815年	オーストリア帝国が主導してドイツ連邦が成立(〜1866年)。
1832年	ハンバッハでドイツ統一を要求する集会が開催される(ハンバッハ祭)。
1848年	ヨーロッパ・1848年革命運動が起こる。
1848〜49年	フランクフルト国民会議が開催される。
1849年	ドイツ統一皇帝をプロイセン王フリードリヒ・ヴィルヘルム4世に依頼するも拒否される。
1859年	後のヴィルヘルム2世(プロイセン王・ドイツ皇帝)が生まれる。
1862年	ビスマルクがプロイセン王国首相に就任。いわゆる鉄血演説を行う。
1864年	プロイセン・デンマーク戦争(第二次シュレスヴィヒ・ホルシュタイン戦争)勃発。プロイセンが勝利する。
1866年	プロイセン・オーストリア戦争(普墺戦争)勃発。プロイセンが勝利する。
1866年	ドイツ連邦の解体。翌67年にプロイセンが主導する北ドイツ連邦が成立。
1870〜71年	プロイセン・フランス戦争(普仏戦争あるいは独仏戦争)勃発。プロイセンが勝利する。エルザス=ロートリンゲン(アルザス=ロレーヌ)は第二帝国領に。
1871年	ドイツ帝国(第二帝国ドイツ)成立。皇帝はヴィルヘルム1世。帝国首相はビスマルク。
1871年	ビスマルクによる対カトリック政策(文化闘争)の開始。
1871年〜	フランスからの賠償金や工業化の進展によって多数の会社が設立されるようになる。
1873年	アメリカやヨーロッパで恐慌が発生する。
1878年	ビスマルクの主導によってベルリン会議が開催。バルカン半島の独立国承認がなされる。
1878年	いわゆる社会主義者鎮圧法の成立(1890年、ヴィルヘルム2世により廃止)。
1883年	ビスマルクによって社会保険制度(疾病保険)が制定される。
1886年	カール・ベンツが自動車に関する特許を取得。
1888年	ヴィルヘルム1世死去。フリードリヒ3世が第二代皇帝に即位するも死去。ヴィルヘルム2世が第三代皇帝に即位する(三皇帝時代)。
1889年	ヒトラーがオーストリア帝国領ブラウナウで生まれる。
1890年	ビスマルクが皇帝ヴィルヘルム2世との対立によって退任する。
1895年	フランスとロシアとともに、日清戦争後の日本に対して「三国干渉」をおこなう。
1898年	膠州湾をドイツ帝国の租借地とする。
1900年頃〜	艦隊建造を大規模に進め、イギリスとの対立が深まる(建艦競争)。
1900年	ツェッペリン飛行船の第一号が18分間の飛行に成功する。
1901年	ヴィルヘルム・レントゲンがX線発見の功績によってノーベル賞(第一回)を受賞。

1905年	ヴィルヘルム2世がモロッコのタンジールを訪れ、フランス植民地政策を牽制する（第一次モロッコ事件）。
1905年	アルバート・アインシュタインが特殊相対性理論を発表。ロベルト・コッホが結核の研究でノーベル生理学・医学賞を受賞。
1908年	ヴィルヘルム2世の不用意な発言がイギリスの『デイリーテレグラフ』紙に掲載される（デイリーテレグラフ事件）。
1909年	ベルリンにデパートKaDeWe（カーデーベー）がオープン。
1909年	フェルディナント・ブラウンが無線電信の開発に関する功績でノーベル物理学賞を受賞。
1911年	モロッコ・アガディールに軍艦を派遣（第二次モロッコ事件）。
1913年	ライプツィヒに諸国民戦争の勝利の記念碑が完成（諸国民戦争記念碑）。
1914年	オーストリア皇帝フランツ・ヨーゼフ1世の皇太子フェルディナント大公とその妻が暗殺される（サライェヴォ事件）。第一次世界大戦の開戦。
1914年	第一次マルヌ会戦。戦争は長期戦の様相を呈していく。中国・青島では日独による「青島の戦い」が展開。ドイツ軍の敗北。
1915年	ドイツ軍が、ベルギー・イープルにて毒ガス（塩素ガス）を使用。
1916年	ソンムの戦い（第一次世界大戦最大の会戦）。
1916～17年	ドイツ国内で飢饉が発生する（カブラの冬）。
1917年頃	無制限潜水艦作戦の実行。
1918年	キール軍港で兵士の反乱が起きる。その後、各地に拡大。
1918年	マックス・フォン・バーデンによる皇帝ヴィルヘルム2世の皇帝・王位の退位宣言。フィリップ・シャイデマンが共和国政府を宣言する。
1919年	ヴェルサイユ条約の締結。ドイツ・ヴァイマル共和国の成立。
1920年	ナチ党（国民社会主義ドイツ労働者党）がミュンヘンで成立。
1922～23年	ドイツでハイパーインフレーションが進行する。
1923年	フランス・ベルギー軍によるルール占領
1923年	ヒトラーがミュンヘンで蜂起するが、失敗（ヒトラー一揆）
1929年	アメリカを中心に世界恐慌が広まる。
1932年	ナチ党、選挙で第一党に。
1933年	ナチ政権成立
1941年	元皇帝ヴィルヘルム2世がオランダにて死去。

注

(1) 参考：ユルゲン・コッカ『市民社会と独裁制』（松葉正文・山井敏章訳）岩波書店、2011年。
(2) 望田幸男『ドイツ統一戦争』教育社、1992年、192頁。
(3) 今野元『多民族国家プロイセンの夢』名古屋大学出版会、2009年、ii頁。
(4) E・ヨーハン、J・ユンカー『ドイツ文化史』（三輪晴啓、今村晋一郎訳）サイマル出版会、1975年、34頁。
(5) 今泉文子『ミュンヘン倒錯の都』筑摩書房、1992年、86頁。
(6) リチャード・J・エヴァンズ編『ヴィルヘルム時代のドイツ』（望田幸男、若林憲和訳）晃洋書房、1988年、264頁。
(7) 同上、275頁。
(8) ゲーアハルト・シュミット『近代ザクセン国制史』（松展成訳）九州大学出版会、1995年、1頁。
(9) 今野元「吉野作造のドイツ留学（二）」『愛知県立大学大学院国際文化研究科論集』第12号（2011）、1-24頁。
(10) 前掲、E・ヨーハンほか『ドイツ文化史』33-34頁。
(11) 義井博『カイザーの世界政策と第一次世界大戦』清水書院、1984年、49頁。
(12) 参考：Christopher Clark, Wilhelm II. Die Herrschaft des letzten deutschen Kaisers, München 2008.
(13) 前掲、義井『カイザーの世界政策と第一次世界大戦』17頁。
(14) ハインリヒ・アウグスト・ヴィンクラー『自由と統一への長い道 I』（後藤俊明ほか訳）昭和堂、2008年、268頁。
(15) ヴェルト・オンライン：http://www.welt.de/print-wams/article601427/Wenn-die-Baeren-laecheln.html
(16) 前掲、エヴァンズ編『ヴィルヘルム時代のドイツ』9頁。
(17) 成瀬治ほか編『ドイツ史2』山川出版社、1996年、404-405頁。
(18) ハンス＝ウルリヒ・ヴェーラー『ドイツ帝国 1871-1918年』（大野英二、肥前栄一訳）未来社、1983年（復刻版）、110頁。
(19) アーミン・ヘルマン『ツァイス 激動の100年』（中野不二男訳）新潮社、1995年、64頁。
(20) Gudrun König, Konsumkultur. Inszenierte Warenwelt um 1900, Wien/Köln/Weimar, 2009, S.45-46.,
(21) ヴェルト・オンライン：Philip Cassier, Wirtschaftskrieg. "Made in Germany", ein britischer Rohrkrepierer, in: http://www.welt.de/kultur/history/article13879686/Made-in-Germany-ein-britischer-Rohrkrepierer.html
(22) 海野弘『百貨店の博物史』アーツアンドクラフツ、2003年、9頁。
(23) フォルカー・ベルクハーン『第一次世界大戦 1914－1918』（鍋谷郁太郎訳）東海大学出版部、2014年、83、103頁；参考：藤原辰史『カブラの冬 第一次世界大戦期のドイツの飢饉と民衆』人文書院、2011年。
(24) 本段落全体で以下の書籍を参考にした。J.H. van Stuyvenberg, Margarine. An economic, social and scientific history, Liverpool: Liverpool University Press, 1969, pp.9-10, 13.
(25) Mario Kramp, Made in Cologne. Kölner Marken für die Welt, Köln 2015, S.38.
(26) 前掲、エヴァンズ編『ヴィルヘルム時代のドイツ』243頁。
(27) 臼井隆一郎『コーヒーが廻り世界史が廻る』中央公論新社、1992年、153-161頁。
(28) 前掲、エヴァンズ編『ヴィルヘルム時代のドイツ』257頁。
(29) 株式会社ユーハイム『バウムクーヘンに咲く花 ユーハイム70年の発展の軌跡』株式会社ユーハイム、1991年、28頁。
(30) Georg Schwedt, Vom Tante-Emma-Laden zum Supermarkt, Weinheim 2006, S.125.
(31) Elisabeth Schmidle, Schandmal oder Mahnmal, in: Der Bürger im Staat, Heft.6 (2006), S.188.
(32) 参考：谷喬夫『ヒトラーとヒムラー』講談社、2000年。
(33) ヴォルフガング・シヴェルブッシュ『楽園・味覚・理性』（福本義憲訳）法政大学出版局、1988年、24頁；「ビール」の項目全体の参考：森貴史、藤代幸一『ビールを「読む」』法政大学出版局、2012年。

(34) J=L・フランドランほか編『食の歴史 III』(宮原信、北代美和子ほか訳) 藤原書店、2006 年、984 頁。
(35) 前掲、ヴェーラー『ドイツ帝国』36 頁。
(36) 前掲、エヴァンズ編『ヴィルヘルム時代のドイツ』243 頁。
(37) 若尾祐司、井上茂子編『ドイツ文化史入門』昭和堂、2011 年、47 頁。
(38) Klaus Gertoberens, Sächsische Erfindungen, Dresden 2011, S.81f.
(39) 村上満『麦酒伝来』創元社、2006 年、145 頁。以下、「日本とドイツ・ビール」の項目でも適宜参照。
(40) 端田晶「日本ビールの父、中川清兵衛」日独協会機関誌『Die Brücke』(2007 年 11 月)、1 頁。
(41) 大濱徹也『乃木希典』講談社、2010 年、104 頁。
(42) Ursula Heinzelmann, Beyond Bratwurst, London 2014, Kindle No.3052/8990.
(43) イレーネ・ハルダッハ=ピンケ、ゲルト・ハルダッハ編『ドイツ/子どもの社会史』(木村育世ほか訳) 勁草書房、1992 年、284-285 頁;他にも、南直人『〈食〉から読み解くドイツ近代史』ミネルヴァ書房、2015 年などを参照。
(44) 池上甲一ほか編『食の共同体 動員から連帯へ』ナカニシヤ出版、2008 年、79 頁。
(45) 竹内均編『テレビの秘密、ファックスの謎』同文書院、2000 年。
(46) 前掲、Heinzelmann, Beyond Bratwurst, No.3076/8990.
(47) 前掲、ハルダッハ=ピンケほか編『ドイツ/子どもの社会史』284 頁。
(48) 浜本隆志『モノが語るドイツ精神』新潮選書、2005 年、17 頁。
(49) 寺坂昭信「サッカーと地域の結びつき 1」『流通経済大学』41 号 (2006)、35 頁。
(50) 同上「サッカーと地域の結びつき 1」36 頁。
(51) 本項後半の参考:ゲールハルト・フィッシャー、ウルリッヒ・リントナー『ナチス第三帝国とサッカー』(田村光彰ほか訳) 現代書館、2006 年。東西ドイツのサッカーについては、伸井太一『ニセドイツ 2』、『ニセドイツ 3』社会評論社、2009 年、2012 年も参照。
(52) ドイツ卓球協会 HP: http://www.tischtennis.de/dttb/sport_und_organisation/
日本卓球協会 HP:http://www.jtta.or.jp/kyokai.html
(53) J. Schmicker, Das große Buch vom Tischtennis, Schwalmtal 2000, S. 21.
(54) 本項では以下を参照:K.D. Matschke, H. Velte, 100 Jahre Jiu-Jitsu, Ju-Jutsu und Judo in Deutschland,、Neu-Anspach 2005;ハイコ・ビットマン『エルヴィン・フォン・ベルツと身体修練』ハイコ・ビットマン書房、2010 年;嘉納治五郎『私の生涯と柔道』日本図書センター、1997 年;藤堂良明『柔道の歴史と文化』不昧堂出版、2007 年。
(55) . J. Hancock, Katsukuma Higashi, Das Kano Jiu-Jitsu (Jiudo), Stuttgart 1906; 同上、ビットマン『エルヴィン・フォン・ベルツと身体修練』123 頁も参照。
(56) 前掲、嘉納『私の生涯と柔道』191 頁。
(57) 本項では以下を参照:Wolfgang Klabbe, Die Gesellschaftsveränderung durch Lebensreform, Göttingen 1974; Kai Buchholz usw. (Hg.), Die Lebensreform, Bd.1, Darmstadt 2001, S.345 など。本項の各図版も引用。
(58) 中部ドイツ放送 HP: http://www.mdr.de/zeitreise/buestenhalter104.html
(59) 前掲、Gertoberens, Sächsische Erfindungen, S.96-98;なお、本項の他の箇所でも参照。
(60) E.Peters, Beschränkung der Kinderzahl, Köln 1909, S.148.
(61) 同上、E.Peters, Beschränkung der Kinderzahl, S.148.
(62) Hans Ferdy, Die Mittel zur Verhütung der Conception, Berlin 1895, S.47.
(63) 1906 年ベルリンで初演されるが社会問題となり、その後上演禁止となった。原作は、Frank Wedekind, Frühlings Erwachen. 1891 年に出版。
(64) ラインラント=プファルツ州立文書館 HP:
https://www.landeshauptarchiv.de/service/landesgeschichte-im-archiv/
(65) 参考:前掲、Kramp, Made in Cologne.

(66) 田村栄子編『ヨーロッパ文化と〈日本〉』昭和堂、2006年、77頁。
(67) 100 Jahre. 100 Objekte, Bielefeld/Leipzig 2009, S.10.
(68) アスピリンの発明者には諸説あり、バイエル社の化学者アルトゥール・アイヒェングリュンという説もある。彼はユダヤ人であり、ナチ・ドイツの時代にアスピリンの発明者としての名を抹消されたといわれる。ただし、これに対し、バイエル社は反論している。
(69) 参考：Charles C. Mann, Mark L. Plummer『アスピリン企業戦争』(平沢正夫訳) ダイヤモンド社、1994年。
(70) 参考：Günther Pfeiffer, 125Jahre Steiff Firmengeschichte, Königswinter 2005.
(71) 本項では以下の文献を参照。前掲、100 Jahre. 100 Objekte, S.14.
(72) ウェブ・アーカイブ：
https://web.archive.org/web/20070216225315/http://www.maerklin.de/unternehmen/ueberuns/maerklingeschichte2.php
(73) Harald Weiß, Der Flug der Biene Maja durch die Welt der Medien, Wiesbaden 2012, S.141.
(74) Maya の映画（ドイツ連邦文書館）：https://www.youtube.com/watch?v=ijMfe-5P4Q0
(75) 本項は、ウェブサイト「アナログゲームスタディーズ」に掲載された伸井原稿を改訂したものである。
http://analoggamestudies.seesaa.net/article/233008414.html
(76) 前掲、100 Jahre. 100 Objekte, S.30.
(77) 参考：中村真人ブログ『ベルリン中央駅』「オールド・ベルリンが残る界隈（2）」：
http://berlinhbf.exblog.jp/2249272/
(78) 本項は以下を参照：Herbert Haffner, Die Berliner Philharmoniker, Berlin 2007; 菅原透『ベルリン・フィル』アルファ・ベータ、2010年。
(79) 本項は以下を参照：Rüdiger Hachtmann, Tourismus-Geschichte, Göttingen 2007.
(80) 下田淳『居酒屋の世界史』講談社現代新書、2011年、105頁。
(81) 本項は以下の文献を参照：Paul Dost, Wie der Kaiser Reiste, Stuttgart 1998; Wolfgang Klee, Günther Scheingraber, Eisenbahn Journal Archiv. Preußen Report, Band 1.2, Fürstenfeldbruck 1992.
(82) 本項は以下の文献を参照：前掲、Hachtmann, Tourismus-Geschichte；古川高子「『自然』による啓蒙 20世紀初頭オーストリア『自然の友』協会の活動から」『Quadrante：クァドランテ：四分儀』4、東京外国語大学海外事情研究所、2002年。
(83) 参考：前掲、Hachtmann, Tourismus-Geschichte.
(86) 前掲、Buchholz(Hg.), Die Lebensreform, Bd.1, Darmstadt 2001, S.318.
(84) 本項は以下の文献を参照：望田幸男、田村栄子『ハーケンクロイツに生きる若きエリートたち』有斐閣、1990年；前掲、Buchholz (Hg.), Die Lebensreform.
(85) 矢野久・アンゼルム・ファウスト編『ドイツ社会史』有斐閣、2001年、178-180頁。
(86) 前掲、Buchholz(Hg.), Die Lebensreform, Bd.1, Darmstadt 2001, S.318.
(87) 本項は以下の文献を参照：Jürgen Reulecke, Barbara Stambolis(Hg.), 100 Jahre Jugendherbergen, Essen 2009; Focus Online：
http://www.focus.de/reisen/urlaubstipps/hotellerie/100-jahre-jugendherberge-der-charme-von-stockbetten_aid_429297.html
(88) 本項は以下の文献を参照：前掲、Hachtmann, Tourismus-Geschichte.
(89) ヴァルター・ベンヤミン『ベンヤミン・コレクション3 記憶への旅』（浅井健二郎編訳）ちくま学芸文庫、1997年、477頁及び田中純「都市の詩学 萩原朔太郎のステレオ写真」『10＋1』No.47、2007年、5-6頁。
(90) 本項は以下の文献を参照：山根徹也ほか編著『ドイツ現代史探訪』大阪大学出版、2011年、6-7頁。
(91) 山上萬次郎「アフリカに於けるドイツの殖民地」『地學雑誌』26号（1914）、851-862頁。
(92) 本項では以下の文献を参照：Dieter Klein, Neuguinea als deutsches Utopia, in: Hermann Joseph Hiery(Hg.), Die Deutsche Südsee 1884-1914, Paderborn 2001; Horst Gründer, Geschichte der

Deutschen Kolonien, 5. Aufl. Paderborn 2004. S.92.
(93) すなわちニューギニア・コンソルチウム（Neuguinea-Konsortium：1885 年以降はニューギニア会社）
(94) 権京仙「近代青島港における埠頭労働者の構造」『海港湾都市研究』（2010 年 3 月）、196 頁。
(95) 本項は以下の文献を参照：垣吉良隆「ニーチェ資料館とエリーザベト・フェルスター・ニーチェ (I)」福岡女子大学文学部紀要『文藝と思想』第 63 号（1998 年 2 月）、45-63 頁；垣吉良隆「ニーチェ資料館とエリーザベト・フェルスター・ニーチェ (II)」福岡女子大学文学部紀要『文藝と思想』第 63 号（1999 年 2 月）、91-112 頁。
(96) 本項では以下の文献を参照：R. J. Hoage, W. A. Deiss (ed.), New worlds, new animals, Baltimore/London 1996; C. Wessely, "Künstliche Tiere etc."Zoologische Schaulust um 1900. In: NTM Zeitschrift für Geschichte der Wissenschaften, Technik und Medizin 16 (2008), S.153-182; H.-G. und U. Klös (Hg.), Der Berliner Zoo im Spiegel seiner Bauten 1841-1989, Berlin 1990.
(97) 同上：Klös (Hg.), Der Berliner Zoo, S. 219.
(98) ヨーゼフ・クライナー『江戸・東京の中のドイツ』（安藤勉訳）講談社、2003 年、110-126 頁。
(99) Ellen P. Conant, Challenging Past And Present, Univ of Hawaii Press 2006, p.235.
(100) Wilhelm Böckmann, Reise nach Japan, Berlin 1886.
(101) 河村繁一「明治の『官庁集中計画』の設計に招聘された二人のドイツ人建築家エンデとベックマン」『Die Brücke』（2004 年 7・8 月号）、7 頁。
(102) ヴォルフガング・シュトラール『アドルフ・ヒトラーの一族』（畔上司訳）草思社、2006 年、7 頁。以下、本段落でも参照。
(103) 本項では以下の文献を参照：平井正『ゲッベルス』中央公論社、1991 年；クルト・リース『ゲッベルス』（西城信訳）図書出版社、1971 年；緑川健太「青年期ヨーゼフ・ゲッベルスの思想と行動」『七隈史学』16 号（2004 年）191-208 頁；中村幹雄「ゲッベルス像の修正」『史林』59 号（1976 年）、1-41 頁。
(104) Michael Alisch, Heinrich Himmler, Bern 2010, S.33.

※記事の本文内で言及している書籍の脚注の多くは省略した。

✠ 上巻のおわりに

　約100年前に消滅した「第二帝国ドイツ」。日本では馴染みは薄く、そして昨今のドイツでも忘れ去られつつある帝国である。もちろん、ビスマルクや皇帝などはピックアップされることは多い。しかし、帝政ドイツ、つまり「第二帝国ドイツ」とは何かを身近なモノや文化と結びつけて語る試みは、あまりなされていない。

　この『第二帝国』の上巻は、「帝国のかたち」からはじめられている。この意図は、第二帝国が「プロイセン主導ではあるものの、多様な王国・地域の集合体」だったことを、まず分かっていただきたかったからだ。これに続いて、第二帝国時代に興隆した消費文化、とくに製品を通じた大衆文化の成立について扱った。これには、スポーツや旅行などの余暇文化も関わっている。そして最後に、第二帝国という時代性を知るために、第三帝国時代の指導者の少年時代に焦点をあててみた。

　この上巻で明らかになったことは、「第二帝国」は終わっていないということだ。これは本書が下巻に続くという意味に留まらない。つまり、その後のヴァイマル共和国そして第三帝国との関連はもちろんのこと、現在も、第二帝国に発明・創出された製品や文化がたくさんある。

　ドイツ帝国とは、普仏戦争（独仏戦争）後のいわば「経済的・精神的な盛り上がり（バブル）」によって興隆した帝国だった。帝国というと古めかしい感じもするが、実はそこで生みだされたモノモノは現在も利用されているし、社会システムとしても現存している例もある（ビスマルクの導入した保険制度など）。

　さて、次の下巻では、科学技術の発明や発展、工業製品、そしてこれらのテクノロジーが大量に投入された世界戦争、つまり「第一次世界大戦」が扱われる。下巻では、そして第一次世界大戦を遂行した軍部だけではなく、それをも第二帝国の成立から「精神的に盛り上げた」記念碑やシンボルについて扱うこととなる。乞うご期待。

　さて、本巻では私（伸井）のほかに、著者として齋藤正樹さん（鉄道、自由身体運動、動物園そして旅行業、ワンダーフォーゲル、ユースホステルなどの記事）、斉藤恵太さん（スポーツや植民地など）、藤井稲さん（ベルリン・フィル）、嶋田由紀さん（コンドーム）に記事を寄稿していただき、伸井が監修をおこなった。どれもすばらしい記事であり、彼女ら・彼らの協力なしには本書は完成しなかっただろう。とくにともに数々の議論を重ねた齋藤さんと斉藤さんには感謝してもしきれない（下巻にも多数の記事を書いていただいた）。

　ぜひ下巻も読んで「第二帝国」のダイナミズムと、現代との関わりをさらに感じていただきたいと思う。

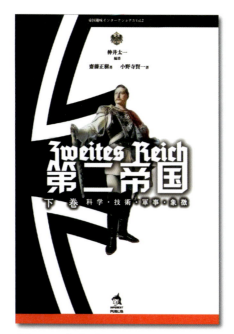

第二帝国 下 政治・衣食住・日常・余暇

帝国趣味インターナショナルVol.1,Vol.2同時刊行
鉄兜・軍艦・大砲・戦車・潜水艦・ガスマスク等
まるで第三帝国で活躍する兵器達のプロトタイプ見本市

四六並製オールカラー、208ページ　2300円+税　ISBN978-4-908468-18-6　C0022

- ■角付帽から鉄兜・拳銃ルガーP08・MG08重機関銃・クルップ社製パリ砲・自沈させられた戦艦ヘルゴラント・トラクターから進化したA7V戦車・ルシタニア号撃沈し米参戦招いた潜水艦・失敗に終わったツェッペリン・ヒトラー失明しかけた毒ガス等
- ■レントゲン、コッホ、ブラウン、アインシュタイン等、ドイツ科学躍進の時代
- ■クルップ、ベンツ、ツェッペリン、ライカ、ツァイス等、工業も勃興
- ■フランス側に付いていたバイエルンやザクセンを統合させた諸国民戦争記念等の象徴
- ■「第三帝国」という名に、フリードリヒ2世による帝国再興の暗示を込めたヒトラー
- ■「プロイセン的=ナチ的」に対してアメリカ兵に高評価のノイシュヴァンシュタイン
- ■フェルキッシュ民族主義者が神智学を活用、アーリア民族シンボルにハーケンクロイツ

【編者】伸井太一(のびぃ　たいち NOBII TAICHI)
北海道大学文学部卒、東京大学大学院総合文化研究科・単位取得退学。ドイツ文化に関するライター(実は、東京の某女子大学の歴史学教員)。著書に、東西ドイツの製品史を扱った『ニセドイツ』シリーズ(社会評論社)。本名(柳原伸洋)では『日本人が知りたいドイツ人の当たり前』(共著、三修社)や『教養のドイツ現代史』(共編著、ミネルヴァ書房)など。
Twitter: nob_de

【執筆】齋藤正樹(さいとう　まさき SAITO MASAKI)
東海大学工学部卒、早稲田大学第一文学部卒、東海大学大学院修士課程修了、早稲田大学大学院文学研究科博士後期課程満期退学。修士(工学、文学)。専門はドイツ近現代史。2006-2011年までベルリン在住。現在、教職、翻訳業、ライター業等をしつつ、近現代ドイツの民族主義、人種主義と宗教の関連性についても研究している。

帝国趣味インターナショナル Vol.1

第二帝国
上巻　政治・衣食住・日常・余暇

2017年11月9日　初版第1刷発行
編者：伸井太一
装幀＆デザイン：合同会社パブリブ
発行人：濱崎誉史朗
発行所：合同会社パブリブ
〒140-0001
東京都品川区北品川1-9-7 トップルーム品川1015
03-6383-1810
office@publibjp.com
印刷＆製本：シナノ印刷株式会社